Impressum
Verlag: BABADADA GmbH, Nedderfeld 112 , 22529 Hamburg
Geschäftsführer / Verlagsleitung: Harald Hof
Druck: Books on Demand GmbH, In de Tarpen 42, 22848 Norderstedt

Imprint
Publisher: BABADADA GmbH, Nedderfeld 112 , 22529 Hamburg, Germany
Managing Director / Publishing direction: Harald Hof
Print: Books on Demand GmbH, In de Tarpen 42, 22848 Norderstedt

اسکول

σχολείο

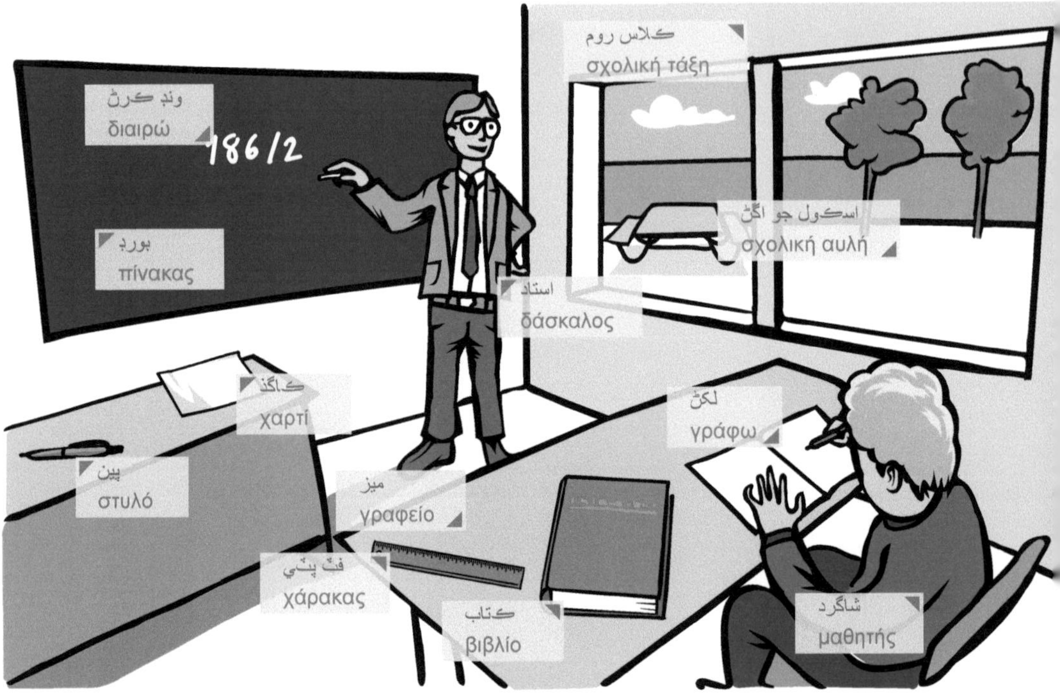

ڪلاس روم
σχολική τάξη
ونڊ ڪرڻ
διαιρώ
186/2
بورڊ
πίνακας
اسڪول جو اڱڻ
σχολική αυλή
استاد
δάσκαλος
ڪاغذ
χαρτί
لکڻ
γράφω
پين
στυλό
ميز
γραφείο
فٽ پٽي
χάρακας
ڪتاب
βιβλίο
شاگرد
μαθητής

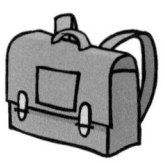

بستو

σχολική τσάντα

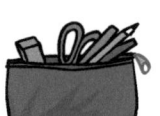

پينسل باڪس

κασετίνα/ μολυβοθήκη

پينسل

μολύβι

پينسل شارپنر

ξύστρα

رٻڙ

γόμα

برائنگ پيڊ

μπλοκ ζωγραφικής

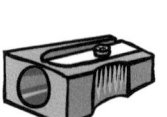

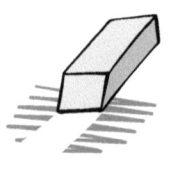

درائنگ

ζωγραφική

پینٹ برش

πινέλο

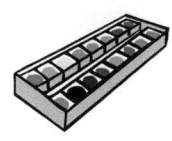

پینٹ باکس

κουτί χρωμάτων

قینچي

ψαλίδι

کٔونر

κόλλα

مشق کرٹ واري کاپي

τετράδιο ασκήσεων

هوم ورک

εργασία για το σπίτι

12

عدد

αριθμός

2+2

جوڑ کرٹ

προσθέτω

5-2

کٹ کرٹ

αφαιρώ

2×2

ضرب کرٹ

πολλαπλασιάζω

حساب کرٹ

υπολογίζω

A

خط

γράμμα

ABCDEFG
HIJKLMN
OPQRSTU
VWXYZ

الفابیٹ

αλφάβητο

hello

لفظ

λέξη

مضمون

κείμενο

پڕھِڵ

διαβάζω

چاک

κιμωλία

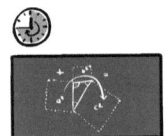

سبق

μάθημα

رجستر

εγγράφομαι

امتحان

τεστ

سرتیفیکیت

πιστοποιητικό

اسکول یونیفارم

μαθητική στολή

تعلیم

εκπαίδευση

انسائنکلوپیدیا

εγκυκλοπαίδεια

یونیورسٹی

πανεπιστήμιο

خوردبینی

μικροσκόπιο

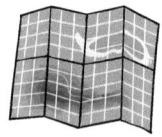

نقشو

χάρτης

ردي جي ٹوکري

καλάθι αχρήστων

سفر

ταξίδι

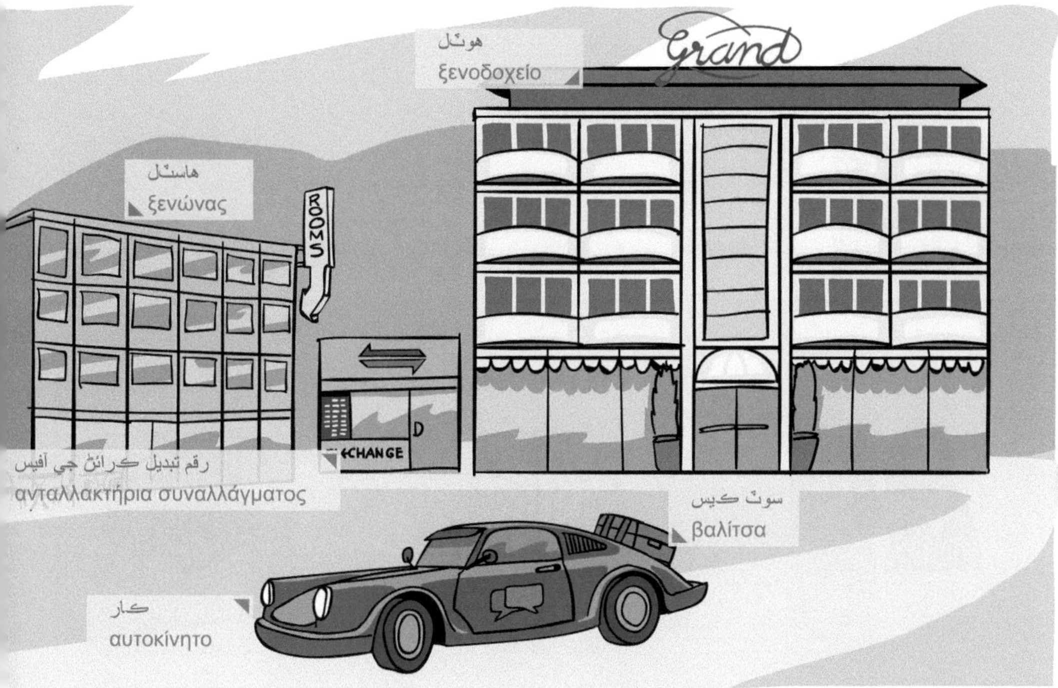
Grand
هوٽل
ξενοδοχείο
هاسٽل
ξενώνας
ROOMS
EXCHANGE
رقم تبديل ڪرائڻ جي آفيس
ανταλλακτήρια συναλλάγματος
سوٽ ڪيس
βαλίτσα
ڪار
αυτοκίνητο

ٻولي

γλώσσα

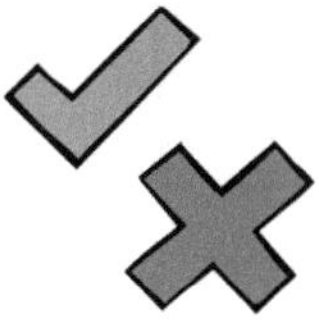

ها يا نه

ναι / όχι

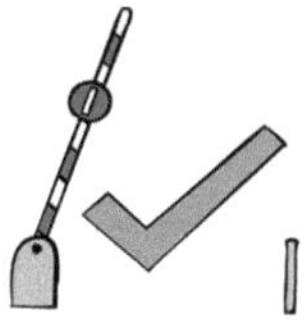

صحيح آهي

εντάξει

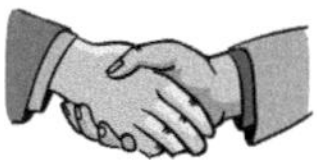

هيلو

γεια σου

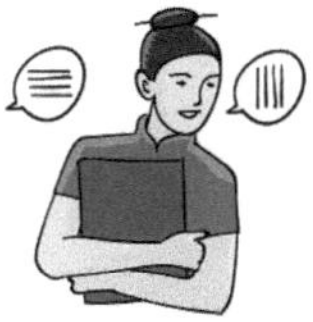

مترجم

μεταφραστής

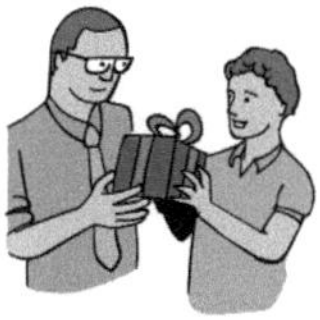

مهرباني

Ευχαριστώ

هن جي قيمت گهٽي آهي.....؟

πόσο κάνει ;

مون كي سمجه ۾ نٿو اچي

Δε καταλαβαίνω

مسئلو

πρόβλημα

گڊ ايوننگ

Καλησπέρα!

صبح بخير

Καλημέρα!

شب خير

Καληνύχτα!

الوداع

Αντίο

طرف

κατεύθυνση

سفري سامان

αποσκευές

بيگ

τσάντα

پويان بڌن وارو بيگ

σακίδιο πλάτης

مهمان

καλεσμένος

ڪمرو

δωμάτιο

بستر وارو بيگ

υπνόσακος

خيمو

σκηνή

سياحت بابت معلومات

τουριστικές πληροφορίες

سمندر کنارو

παραλία

کریٹب کارڈ

πιστωτική κάρτα

ناشتو

πρωινό

لنچ

μεσημεριανό

ڈنر

δείπνο

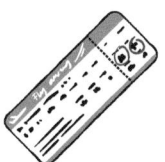

ٹکٹ

εισιτήριο

لفٹ

ανελκυστήρας

مہر

γραμματόσημο

سرحد

σύνορα

گاهک

τελωνείο

سفارتخانو

πρεσβεία

ویزا

βίζα

پاسپورٹ

διαβατήριο

آمد و رفت

μεταφορά

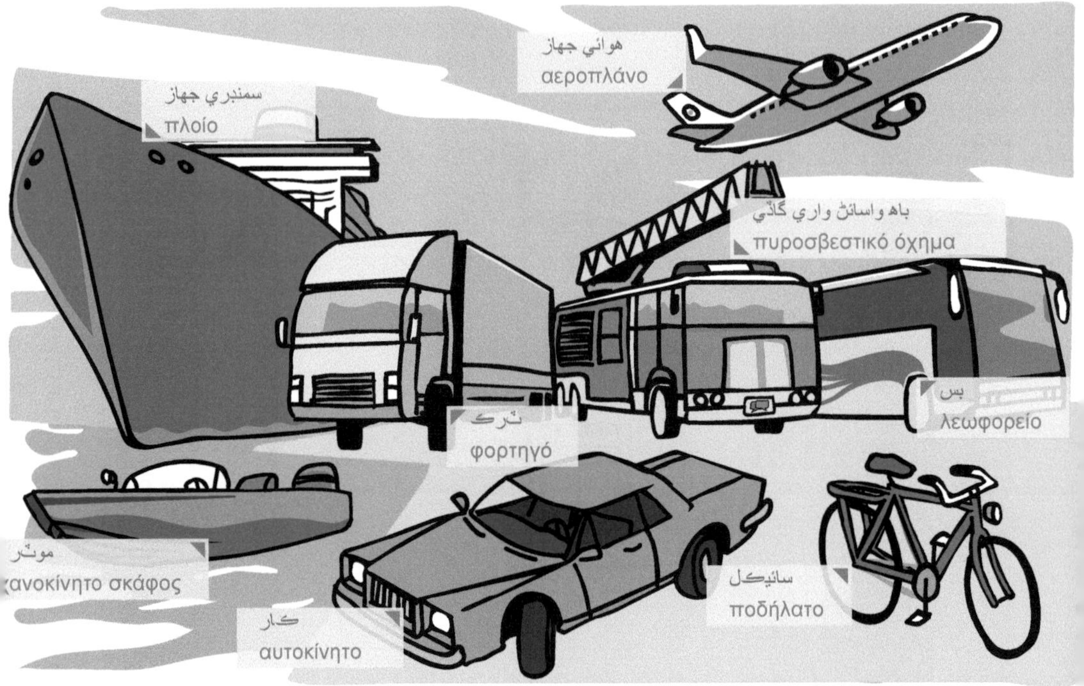
هوائي جهاز
αεροπλάνο
سمنبري جهاز
πλοίο
باه واسائڻ واري گاڏي
πυροσβεστικό όχημα
ٽرڪ
φορτηγό
بس
λεωφορείο
موٽر
ανοκίνητο σκάφος
ڪار
αυτοκίνητο
سائيڪل
ποδήλατο

فيري
....
φεριμπότ

ٻيڙي
....
βάρκα

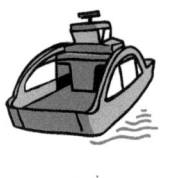

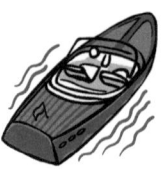

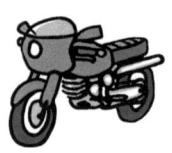

موٽر سائيڪل
....
μοτοσικλέτα

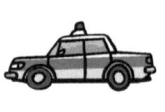

پوليس ڪار
....
περιπολικό

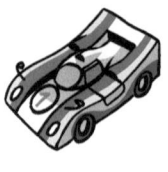

ريسنگ ڪار
....
αγωνιστικό αυτοκίνητο

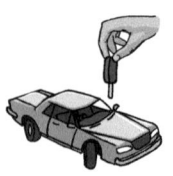

رينٽل ڪار
....
ενοικιαζόμενο αυτοκίνητο

چشئیرنگ کار

ιαμοιρασμός αυτοκινήτων

چکڼ وارو ٹرک

γερανός

کچري واري ٹرک

απορριμματοφόρο

کار

κινητήρας

فیول

καύσιμο

پیٹرول اسٹیشن

βενζινάδικο

ٹریفک جا نشان

πινακίδα σήμανσης

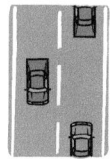

ٹریفک

κυκλοφορία

ٹریفک جام

κυκλοφοριακή συμφόρηση

کار پارک

χώρος στάθμευσης

ٹرین اسٹیشن

σιδηροδρομικός σταθμός

پٹڑیون

σιδηροδρομικές γραμμές

ٹرین

τρένο

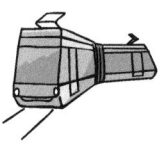

ٹرام

τραμ

ویگن

βαγόνι

هيليڪاپٽر

ελικόπτερο

ايئرپورٽ

αεροδρόμιο

ٽاور

πύργος

مسافر

επιβάτης

ڪنٽينر

εμπορευματοκιβώτιο

ڊٻو

χαρτοκιβώτιο

ريڙهي

καρότσι

ٽوڪري

καλάθι

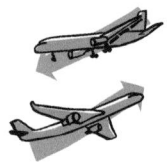

اڏرڻ / زمين تي لهڻ

απογειώνομαι /
προσγειόνομαι

شهر

πόλη

ڳوٺ

χωριό

شهر جو مرڪز

κέντρο της πόλης

گهر

σπίτι

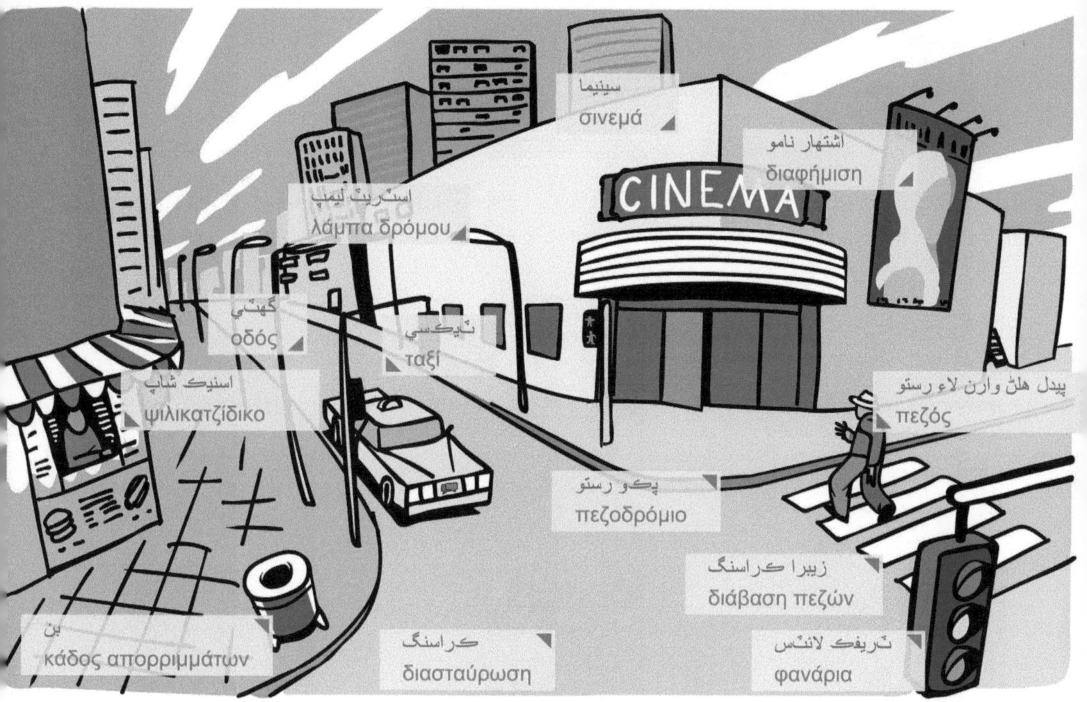
CINEMA
سينيما
σινεμά
اشتهار نامو
διαφήμιση
اسٽريٽ ليمپ
λάμπα δρόμου
گهٽي
οδός
ٽيڪسي
ταξί
اسنيڪ شاپ
ψιλικατζίδικο
پيدل هلڻ وارن لاءِ رستو
πεζός
پڪو رستو
πεζοδρόμιο
زيبرا ڪراسنگ
διάβαση πεζών
بن
κάδος απορριμμάτων
ڪراسنگ
διασταύρωση
ٽريفڪ لائٽس
φανάρια

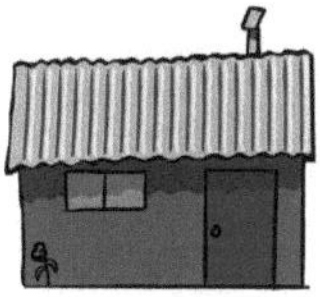

جهوپڙي

καλύβα

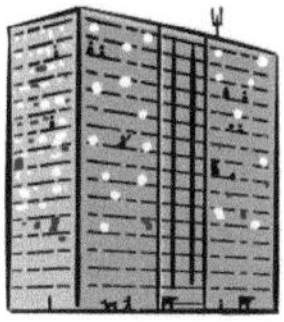

فليٽ

διαμέρισμα

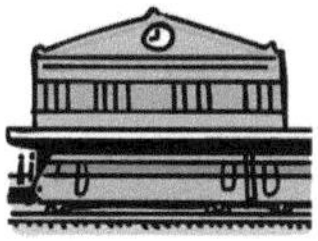

ٽرين اسٽيشن

σιδηροδρομικός σταθμός

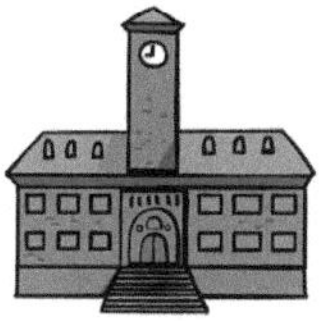

ٽائون هال

δημαρχείο

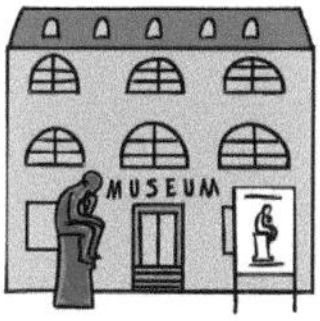
MUSEUM

عجائب گهر

μουσείο

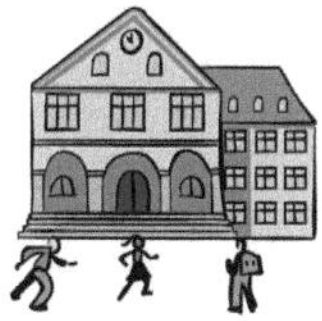

اسڪول

σχολείο

يونيورسٹي

πανεπιστήμιο

بينڪ

τράπεζα

اسپتال

νοσοκομείο

هوٹل

ξενοδοχείο

فارميسي

φαρμακείο

آفس

γραφείο

ڪتابن جي ڪتاب

βιβλιοπωλείο

دڪان

κατάστημα

گلن جي دڪان

ανθοπωλείο

سير مارڪيٹ

σούπερ μάρκετ

مارڪيٹ

αγορά

ڊپارٹمينٹ اسٹور

πολυκατάστημα

مڇي جي دڪان

ιχθυοπωλείο

شاپنگ سينٹر

εμπορικό κέντρο

بندرگاه

λιμάνι

پارک

πάρκο

بینچ

παγκάκι

پل

γέφυρα

ڈاکٹ

σκάλες

زیر زمین میٹرو

μετρό

سرنگ

τούνελ

بس اسٹاپ

στάση λεωφορείου

شراب خانو

μπαρ

روسٹورینٹ

εστιατόριο

پوسٹ باکس

γραμματοκιβώτιο

اسٹریٹ سائن

πινακίδα δρόμου

پارکنگ میٹر

παρκόμετρο

چڑیا گھر

ζωολογικός κήπος

سونمنگ پول

πισίνα

مسجد

τζαμί

فارم

αγρόκτημα

آلودگي

ρύπανση

قبرستان

νεκροταφείο

چرچ

εκκλησία

راند جو ميدان

παιδική χαρά

مندر

ναός

زميني منظر

ΤΟΠΊΟ

پتو

φύλλο

سائن بورڊ

πινακίδα κατεύθυνσης

رستو

δρόμος

ساوڪ واري زمين

λιβάδι

پٿر

πέτρα

وڻ

δέντρο

پيادل هلڻ وارو هائيڪر

πεζοπόρος

دريا

ποτάμι

ڇيڻ

χορτάρι

گل

λουλούδι

وادي

κοιλάδα

جبل

λόφος

جنيد

λίμνη

گل

δάσος

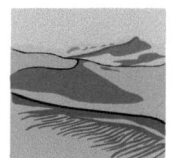

ریگستان

έρημος

آتش فشان

ηφαίστειο

قلعو

κάστρο

اندلٹ

ουράνιο τόξο

کنیي

μανιτάρι

کھجي جو وڻ

φοίνικας

مچر

κουνούπι

مک

μύγα

کیولي

μυρμήγκι

ماكي جي مک

μέλισσα

مکڙي

αράχνη

نّندن

σκαθάρι

ڏيڏر

βάτραχος

نورينڙو

σκίουρος

جاهو

σκαντζόχοιρος

خرگوش

λαγός

چهرو

κουκουβάγια

پکي

πουλί

بدڪ

κύκνος

سوئر

αγριογούρουνο

هرڻ

ελάφι

آمريڪي هرڻ جو قسم

άλκη

ڊيم

φράγμα

هوا سان هلڻ واروٽربائين

ανεμογεννήτρια

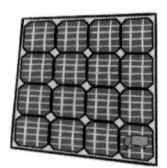

سولر پينل

ηλιακός συλλέκτης

آب و هوا

κλίμα

وینٽر
σερβιτόρος

ڪاٽي جي فهرست
κατάλογος

ڪرسي
καρέκλα

سوپ
σούπα

پيزا
πίτσα

ٽيبل جو ڪپڙو
τραπεζομάντιλο

چهري ڪانٽا
μαχαιροπίρουνα

استٽارٽر
ορεκτικό

مين ڪورس
κύριο πιάτο

ڪاٽي ڪانپوء ڪائٽ وارو مئو

επιδόρπιο

مشروب
ποτά

خوراڪ
φαγητό

بوتل
μπουκάλι

فاست فود

φαστ φουντ

اسٹریٹ فود

φαγητό στ' όρθιο

کیتلی

τσαγιέρα

شگر باؤل

δοχείο ζάχαρης

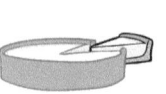

ٹکڑو

μερίδα

ایسپریسو مشین

μηχανή εσπρέσο

اونچی کرسی

ψηλή καρέκλα

بل

λογαριασμός

ٹری

δίσκος

چھری

μαχαίρι

کانٹو

πιρούνι

چمچ

κουτάλι

چائھن جو چمچو

κουταλάκι του τσαγιού

سرووینٹی

πετσέτα φαγητού

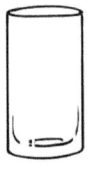

گلاس

ποτήρι

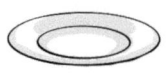

پلیٹ

πιάτο

سوپ پلیٹ

πιάτο σούπας

ساسر

πιατάκι φλιτζανιού

چٹنی

σάλτσα

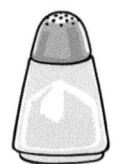

لوݨ دانی

αλατιέρα

مرچ پیسݨ والو

μύλος για πιπέρι

سرکو

ξύδι

کاڈو پچاݨ والو تیل

λάδι

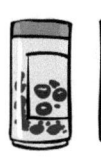 

مصالحو

μπαχαρικά

کیچ اپ

κέτσαπ

سرنھن

μουστάρδα

مایونیز

μαγιονέζα

سپر مارڪيٽ

σούπερ μάρκετ

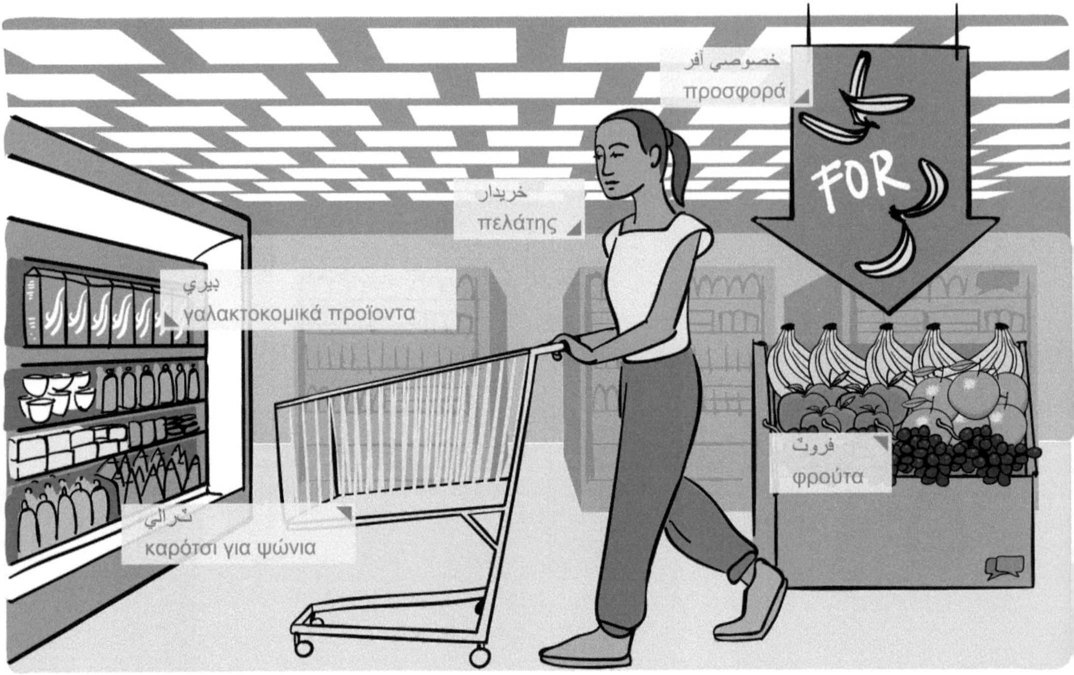
خصوصي آفر
προσφορά
FOR
خريدار
πελάτης
بيري
γαλακτοκομικά προϊόντα
فروٽ
φρούτα
ٽرالي
καρότσι για ψώνια

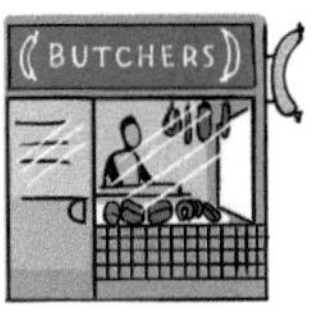
BUTCHERS

گوشت جي دڪان

κρεοπωλείο

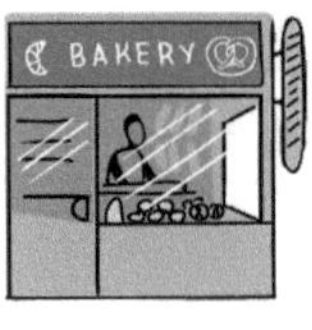
BAKERY

بيڪري

φούρνος

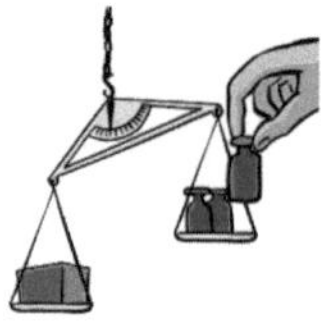

وزن ڪرڻ

ζυγίζω

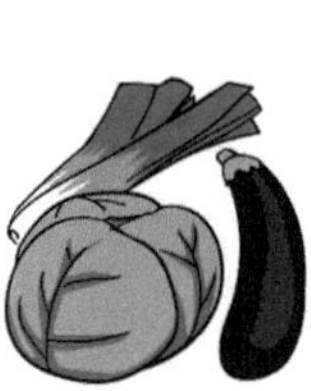

سبزيون

λαχανικά

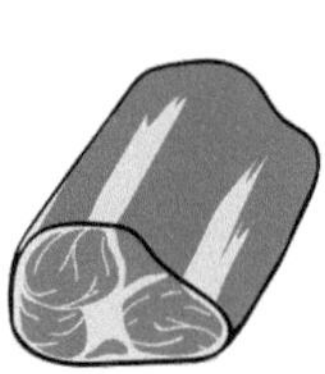

گوشت

κρέας

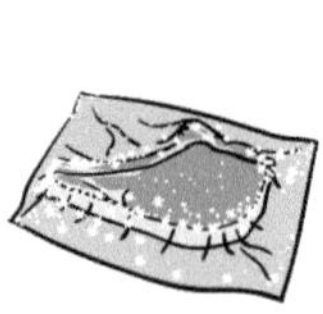

جميل کاڌو

κατεψυγμένα τρόφιμα

سرد گوشت

αλλαντικά

ڈبي م بند کاٹو

κονσερβοποιημένη τροφή

واشنگ پاؤڈر

απορρυπαντικό ρούχων

مٹھائي

γλυκά

گھریلو سامان

οικιακά είδη

صفائي کرٹ وارا پرابکٹس

καθαριστικά προϊόντα

سیلز پرسن

πωλήτρια

کیش رجسٹر

ταμείο

خزانچي

ταμίας

خریداري جي فهرست

λίστα για ψώνια

اوقات کار

ωράριο λειτουργίας

پرس

πορτοφόλι

کریٹڈ کارڈ

πιστωτική κάρτα

بیگ

τσάντα

پلاسٹک بیگ

πλαστική σακούλα

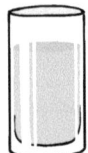

پانی

νερό

جوس

χυμός

کیر

γάλα

کوک

κόκα κόλα

وائن

κρασί

بینر

μπίρα

الکوھل

αλκοόλ

کوکو

κακάο

چائی

τσάι

کافی

καφές

ایسپریسو

εσπρέσο

کیپیوچینو

καπουτσίνο

كيلو

μπανάνα

صوف

μήλο

مالتّو

πορτοκάλι

خربوذو

πεπόνι

ليمون

λεμόνι

گجر

καρότο

ثوم

σκόρδο

بانس

μπαμπού

بصر

κρεμμύδι

كنيي

μανιτάρι

اخروٹ، بادام

ξηροί καρποί

نودلز

νουντλς

اسپیگټي

μακαρόνια

چانور

ρύζι

سلاد

σαλάτα

چپس

πατατάκια

تريل پټاټا

τηγανητές πατάτες

پيزا

πίτσα

هيم برگر

χάμπουργκερ

سيندوچ

σάντουιτς

گوشت جو ټکرو

κοτολέτα

سور جي ران جو گوشت

ζαμπόν

خشڪ گوشت

σαλάμι

ساسيج

λουκάνικο

مرغي

κοτόπουλο

روسٽ

ψητό

مڇي

ψάρι

جوَ جو دليا

χυλός βρώμης

ميوزلي

μούσλι

كارن فليكس

κορν φλέικς

آٹا

αλεύρι

كرونسنٹ

κρουασάν

بريڈ رول

ψωμάκι

بريڈ

ψωμί

ٹوسٹ

τοστ

بسكٹ

μπισκότα

مكّھن

βούτυρο

دھی

τυρόπηγμα

كيك

κέικ

انڈا

αυγό

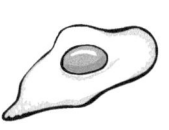

فراني ٹیل اندو

τηγανητό αυγό

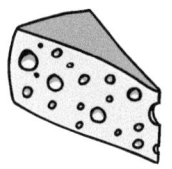

پنير

τυρί

أيس كريم

παγωτό

كند

ζάχαρη

ماكي

μέλι

مربو

μαρμελάδα

چاكليت اسپريد

άλλειμμα σοκολάτας

پاجي

κάρυ

فارم

αγρόκτημα

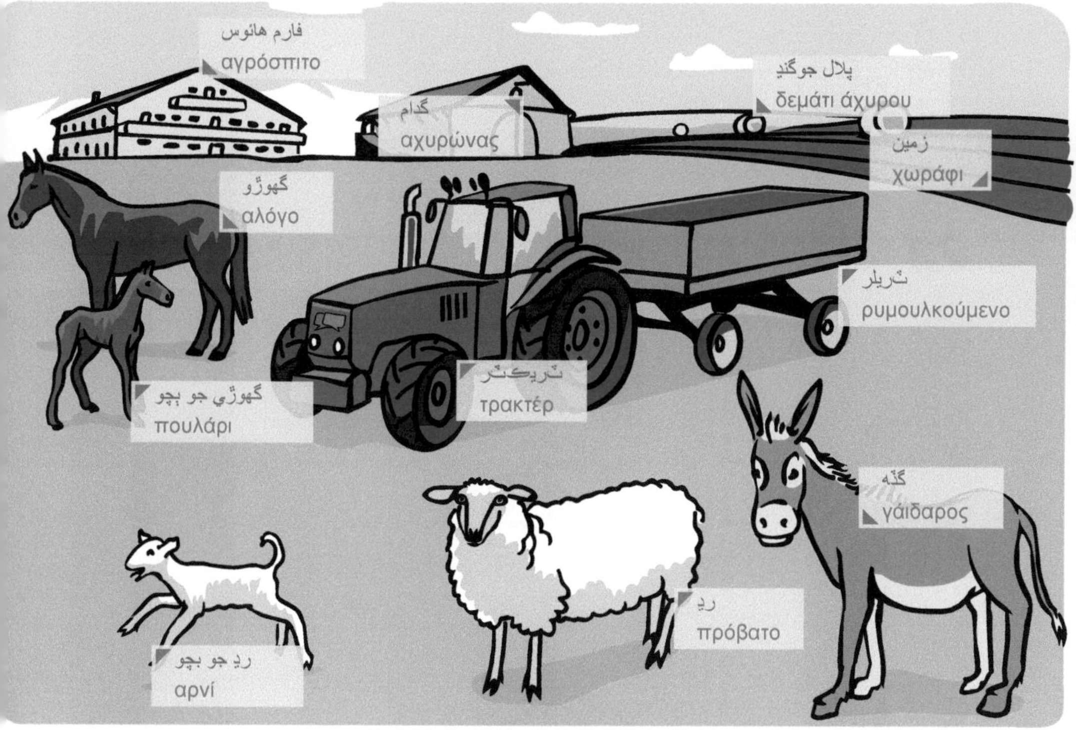
فارم هائوس
αγρόσπιτο
پلال جو گنڍ
δεμάτι άχυρου
گدام
αχυρώνας
زمين
χωράφι
گهوڙو
αλόγο
ٽريلر
ρυμουλκούμενο
گهوڙي جو ٻچو
πουλάρι
ٽريڪٽر
τρακτέρ
گڏه
γάιδαρος
رڍ
πρόβατο
رڍ جو ٻچو
αρνί

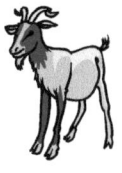

ٻڪري

κατσίκα

ڳئون

αγελάδα

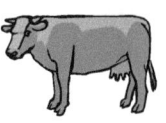

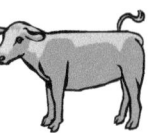

پاڏو

μοσχαράκι

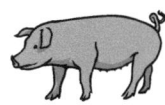

سؤر

γουρούνι

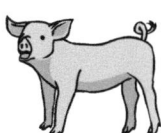

سؤر جو ٻچو

γουρουνάκι

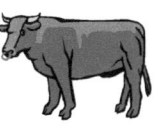

ڍڳو

ταύρος

هنس

χήνα

بدک

πάπια

چوزا

κοτοπουλάκι

مرغي

κότα

مرغو

κόκορας

کونو

αρουραίος

بلي

γάτα

کونو

ποντίκι

ڈانڈ

βόδι

کتو

σκύλος

کتي جو گهر

σπιτάκι σκύλου

گاربن هوز

λάστιχο κήπου

پاڻي جو کين

ποτιστήρι

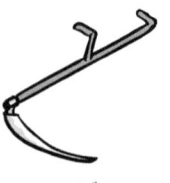

ڏاٽو

θεριστήρι

هر

αλέτρι

ڈاٽو

δρεπάνι

رنبو

τσάπα

ڈانداري

δίκρανο

كهاڙو

τσεκούρι

هٿ سان هلائڻ واري ريڙهي

χειράμαξα

حوض

ταΐστρα

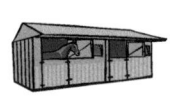

كير جو ڊٻو

δοχείο γάλακτος

ڳوڻ

σάκος

لوڙهو

φράχτης

اصطبل

στάβλος

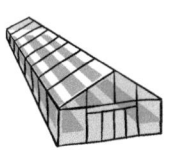

گرين هائوس

θερμοκήπιο

مٽي

έδαφος

ٻج

σπόρος

كهاد

λίπασμα

كمبائنڊ هارويسٽر

θεριζοαλωνιστική μηχανή

فصل کٹݨ

θερίζω

فصل کٹݨ

συγκομιδή

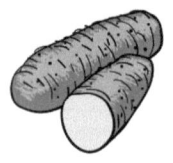

ہک قسم جي ترکاري

γιαμς

کݨک

σιτάρι

سويا

σόγια

پٽاٽو

πατάτα

مکاٸي

καλαμπόκι

توري جو ٻج

κράμβη

ميون جو وڻ

οπωροφόρο δέντρο

کساوا

μανιόκα

اناج

δημητριακά

گهر

σπίτι

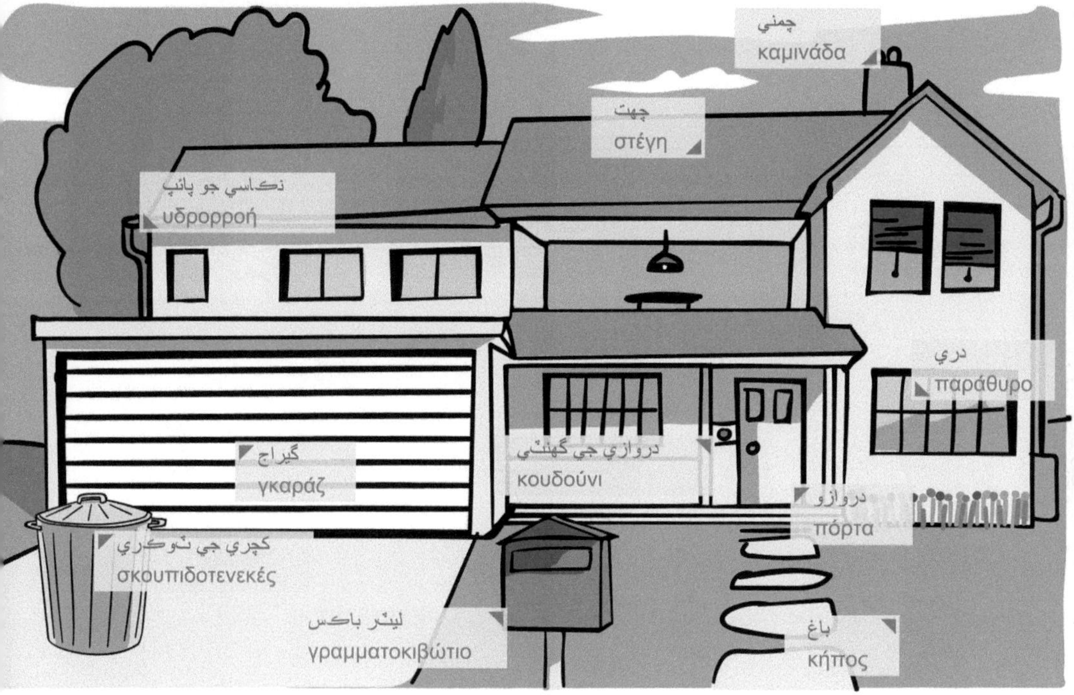
چمني
καμινάδα
ڇت
στέγη
نڪاسي جو پائپ
υδρορροή
دري
παράθυρο
گيراج
γκαράζ
دروازي جي گھنٽي
κουδούνι
دروازو
πόρτα
ڪچري جي ٽوڪري
σκουπιδοτενεκές
ليٽر باڪس
γραμματοκιβώτιο
باغ
κήπος

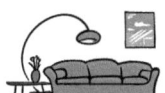

لوونگ روم

σαλόνι

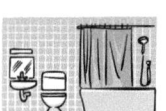

غسل خانو

μπάνιο

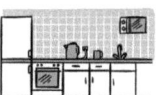

باورچي خانو

κουζίνα

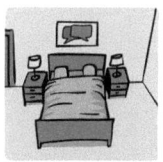

بيڊروم

υπνοδωμάτιο

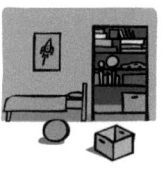

ٻارن جو ڪمرو

παιδικό δωμάτιο

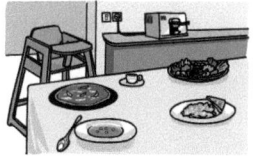

ڊائننگ روم

τραπεζαρία

فرش

πάτωμα

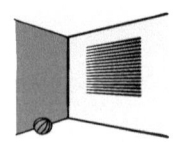

ديوار

τοίχος

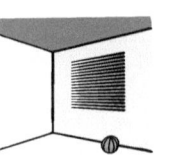

چهت

οροφή

تهخانو

κελάρι

ٻاف وارو غسل

σάουνα

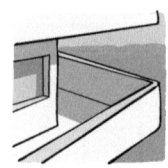

بالکوني

μπαλκόνι

ٹيرس

βεράντα

تلاؤ

πισίνα

گاه ڪٽڻ واري مشين

μηχανή του γκαζόν

چادر

σεντόνι

چادر

κάλυμμα κρεβατιού

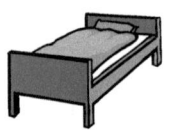

بيڊ

κρεβάτι

جهاڙو

σκούπα

بالٽي

κουβάς

سونچ

διακόπτης

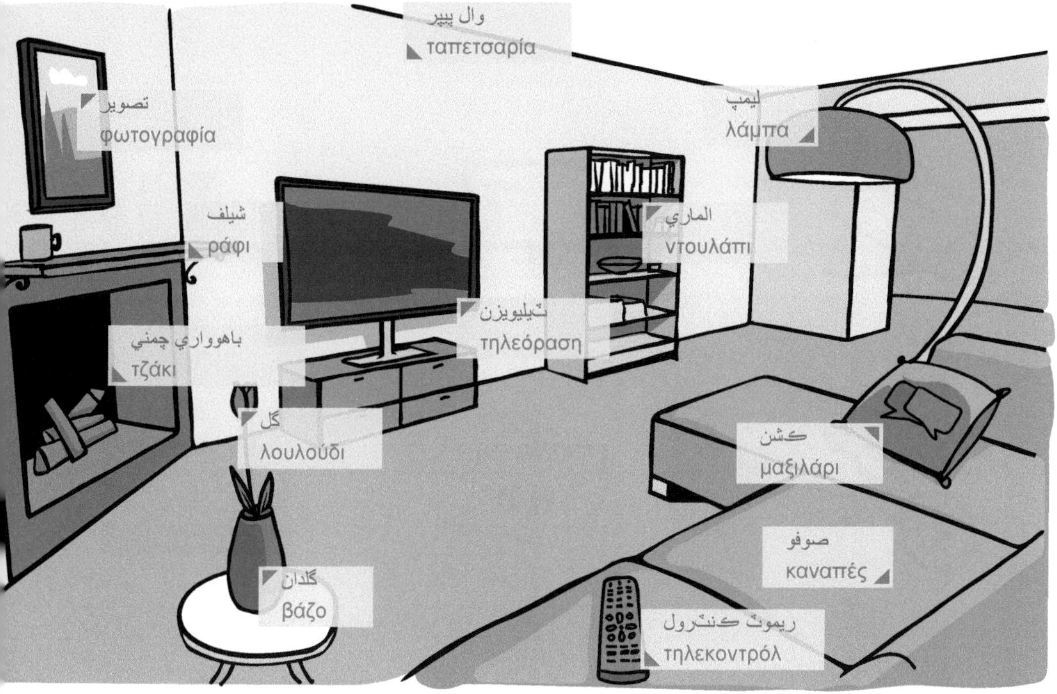

وال پیپر
ταπετσαρία

تصویر
φωτογραφία

لیمپ
λάμπα

شیلف
ράφι

الماري
ντουλάπι

باهوواري چمني
τζάκι

تیلیویزن
τηλεόραση

کشن
μαξιλάρι

گل
λουλούδι

صوفو
καναπές

گلدان
βάζο

ریموټ کنترول
τηλεκοντρόλ

قالین
χαλί

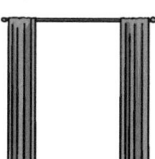

پردو
κουρτίνα

میز
τραπέζι

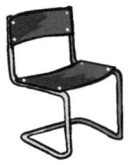

کرسي
καρέκλα

لڏﺵ واري کرسي
κουνιστή πολυθρόνα

آرام کرسي
πολυθρόνα

کتاب

βιβλίο

کمبل

κουβέρτα

آرائش

διακόσμηση

پارٹ واریون کانیون

καυσόξυλα

فلم

ταινία

هاني فاني

στερεοφωνικό σύστημα

چابي

κλειδί

اخبار

εφημερίδα

پینٹنگ

πίνακας ζωγραφικής

پوسٹر

αφίσα

ریڈیو

ραδιόφωνο

نوٹ بک

σημειωματάριο

ویکیوم کلینر

ηλεκτρική σκούπα

ٹوهر جو ٻوٽو

κάκτος

میڻ بتی

κερί

باورچي خانو
κουζίνα

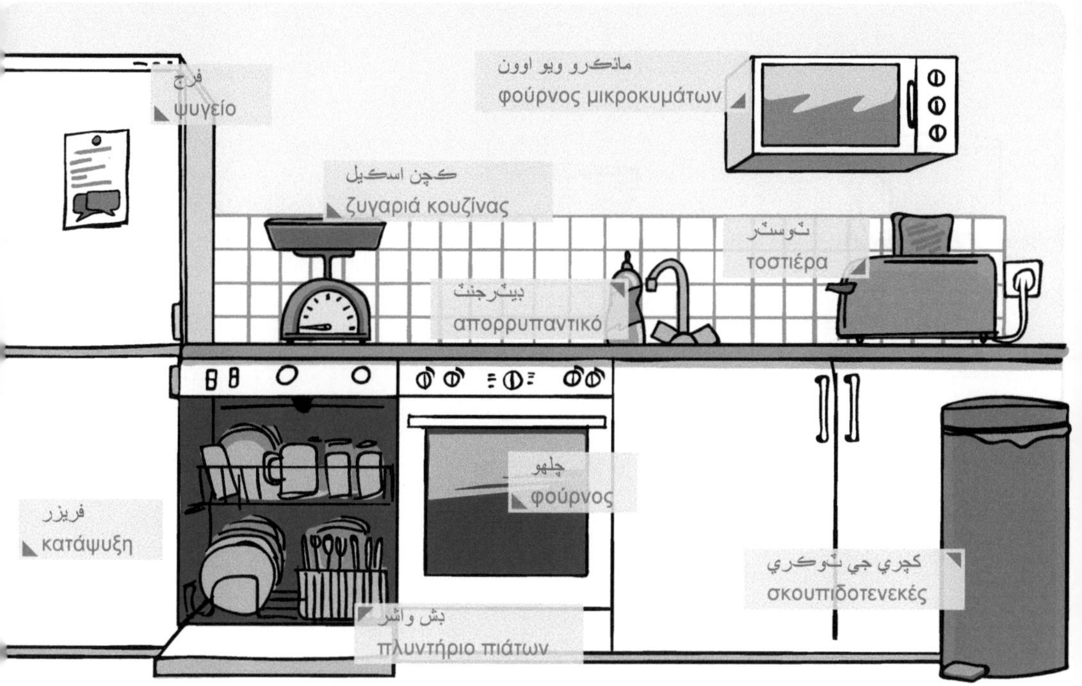

فرج
ψυγείο
مائڪرو ويو اوون
φούρνος μικροκυμάτων
ڪچن اسڪيل
ζυγαριά κουζίνας
ٽوسٽر
τοστιέρα
بيٽرجنٽ
απορρυπαντικό
فريزر
κατάψυξη
چلهو
φούρνος
ڪچري جي ٽوڪري
σκουπιδοτενεκές
ڊش واشر
πλυντήριο πιάτων

ڪُڪر
....
κουζίνα

ٿانوَ
....
κατσαρόλα

ڪاسٽ آئرن جا ٿانو
....
μαντεμένια κατσαρόλα

ڪڙهائي
....
γουόκ/καντάι

ترڻ وارو ٿانو
....
τηγάνι

ڪيٽلي
....
βραστήρας

اسٹیمر

ατμομάγειρας

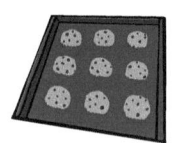

بیکنگ ٹرے

ταψί

کراکری

πιατικά

مگ

κούπα

پیالو

μπολ

چاپ اسٹکس

ξυλάκια

ڈونی

κουτάλα

نفٹی

σπάτουλα

سیزي مکسر

ανακατεύω

چھاني

σουρωτήρι

چھاني

σουρωτηράκι

کدو کش وارو اوزار

τρίφτης

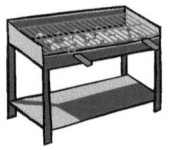

اکري

γουδί

بار بی کیو

ψησταριά

کلیل باھ

ανοιχτή φωτιά

سبزي کَٹّن وارو بورڈ

σανίδα κοπής

ویلݨ

πλάστης

کارک اسکریو

ανοιχτήρι φελλών

کین

κονσέρβα

کین اوپنر

ανοιχτήρι κονσέρβας

ٹانوَ پکڑݨ وارو کپڑو

γάντι φούρνου

سنک

νεροχύτης

برش

βούρτσα

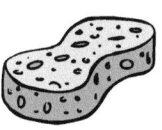

اسفنج

σφουγγάρι

بلینڈر

μπλέντερ

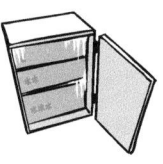

ڈیپ فریزر

καταψύκτης

بار جی بوتل

μπιμπερό

نل

βρύση

غسل خانو

μπάνιο

هیټنګ
θέρμανση
ټوال
πετσέτα
شاور
ντους
شاور کرټین
κουρτίνα ντουζ
ببل باث
αφρόλουτρο
باث ټب
μπανιέρα
واشنګ مشین
πλυντήριο ρούχων
ټائلز
πλακάκια
پاټي
γιογιό
سنک
νεροχύτης
نل
βρύση
ګلاس
ποτήρι

ټائلټ

τουαλέτα

اوکړو ویهڅ وارو ټوائلټ

τούρκικη τουαλέτα

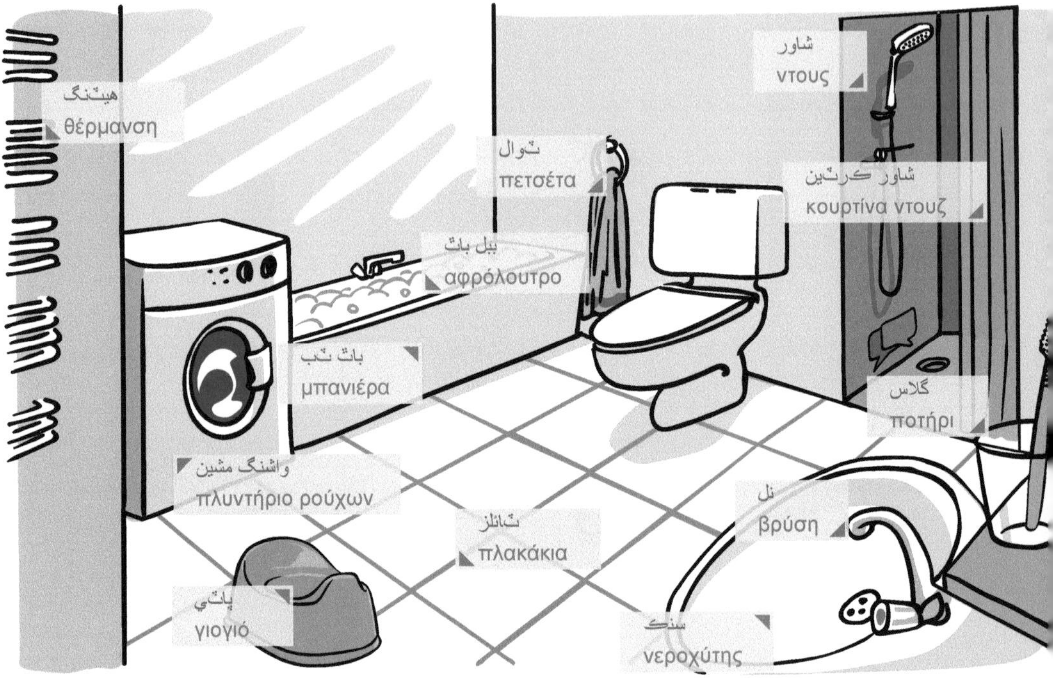

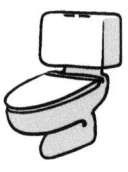

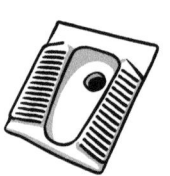

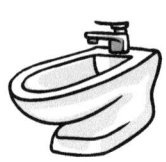

شرم ګاه ڈونڅ وارو ټب

μπιντές

پیشاب ګاه

ουρητήριο

ټائلټ پیپر

χαρτί υγείας

ټائلټ برش

πιγκάλ

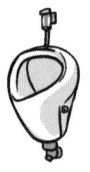

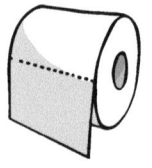

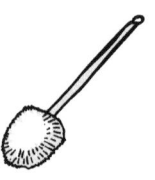

تووتّه برش

οδοντόβουρτσα

تووتّه پیست

οδοντόκρεμα

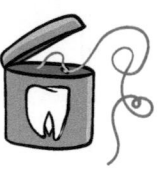

دینتّل فلاس

οδοντικό νήμα

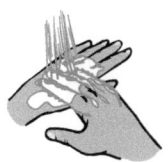

تؤئن

πλένω

هیند شاور

τηλέφωνο ντους

شاور

ντουσιέρα

بیک برش

λεκάνη

بیک برش

βούρτσα πλάτης

صابن

σαπούνι

شاور جیل

αφρόλουτρο

شیمپو

σαμπουάν

فلالین

φανέλα

برین

σιφόνι

کریم

κρέμα

دیودورنت

αποσμητικό

آئینو

καθρέφτης

هٿ م‍ پ‍ک‍ڙڻ‌ وارو آئینو

καθρέφτης χειρός

ریزر

ξυραφάκι

شيونگ فوم

αφρός ξυρίσματος

آفٽر شيو

αφτερσέιβ

ڦڻي

χτένα

برش

βούρτσα

هيئر ڊرائير

σεσουάρ

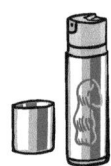

هيئر اسپري

λακ

ميڪ اپ

μακιγιάζ

سرخي

κραγιόν

نيل وارنش

βερνίκι νυχιών

ڪپهه

βαμβάκι

نيل سيزر

ψαλίδι νυχιών

پرفيوم

άρωμα

واش بيگ

νεσεσέρ

اسٹول

σκαμπό

وزن کرٹ واري مشین

ζυγαριά

باٹھ روب

μπουρνούζι

ربڑ جا دستانا

ελαστικά γάντια

ٹیمپون

ταμπόν

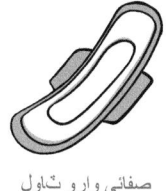

صفائي وارو ٹاول

πετσέτα υγιεινής

کیمیائي ٹوائلٹ

χημική τουαλέτα

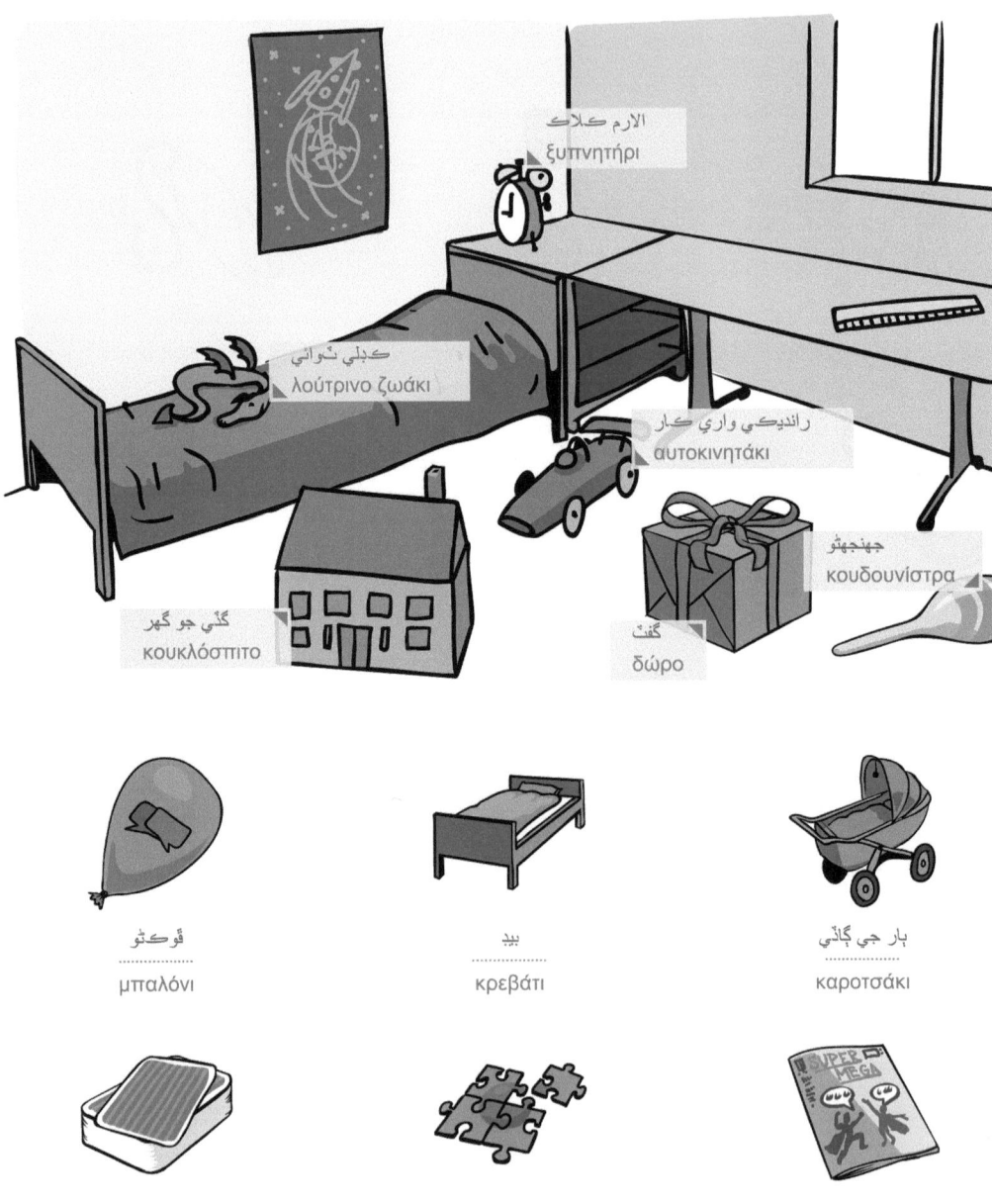

الارم ڪلاڪ
ξυπνητήρι

ڪبلي ٺوائي
λούτρινο ζωάκι

رانديڪي واري ڪار
αυτοκινητάκι

گنّي جو گھر
κουκλόσπιτο

گفٽ
δώρο

جھنجھٽو
κουδουνίστρα

ڦوڪڻو
μπαλόνι

بيڊ
κρεβάτι

ٻار جي ڇانّي
καροτσάκι

ڊيڪ آف ڪاردز
τράπουλα

جگسا
παζλ

ڪامڪ
κόμικς

ليگوبرگس

τουβλάκια lego

رانديكن وارا بلاكس

τουβλάκια κατασκευών

ايكشن فگر

φιγούρα δράσης

بيبي گرو

βρεφικό φορμάκι

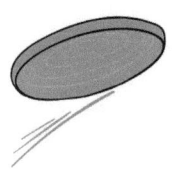

فرسبي

φρίσμπι

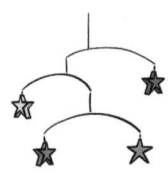

رانديكي واري موبانل

μόμπιλο

بورد گيم

επιτραπέζιο παιχνίδι

چهكو

ζάρια

مابل ٹين سيٹ

σετ τρενάκι

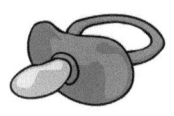

بارن جي چوسڻ واري نپل

πιπίλα

پارٽي

πάρτι

تصوير واري كتاب

εικονογραφημένο βιβλίο

بال

μπάλα

گڏي

κούκλα

كيڏڻ

παίζω

سينڊ پٽ
....
σκάμμα με άμμο

جهولا
....
κούνια

رانديکا
....
παιχνίδια

وڊيو گيم ڪنسول
....
κονσόλα βιντεοπαιχνιδιών

نَّن قِيَّن واري سائيکل
....
τρίκυκλο

ٽيڊي بيئر
....
αρκουδάκι

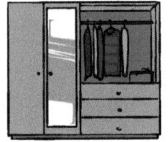

ڪپڙن جي الماري
....
ντουλάπα

لباس

ρούχα

جرابا
....
κάλτσες

اسٽاڪنگز
....
καλτσοδέτες

ٽائٽس
....
καλσόν

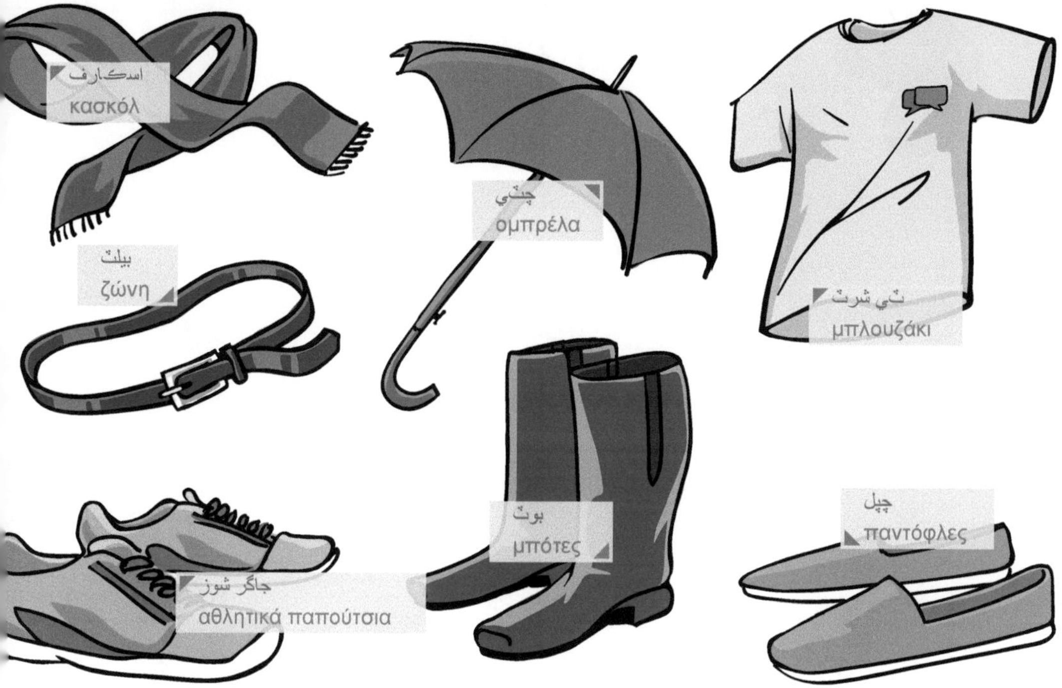

اسکارف
κασκόλ
چٹي
ομπρέλα
بیلٹ
ζώνη
ٹی شرٹ
μπλουζάκι
بوٹ
μπότες
چپل
παντόφλες
جاگر شوز
αθλητικά παπούτσια

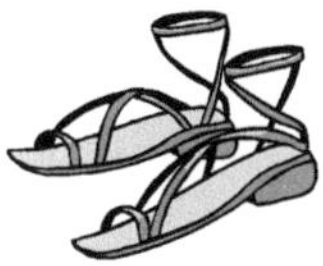

سینڈل

σανδάλια

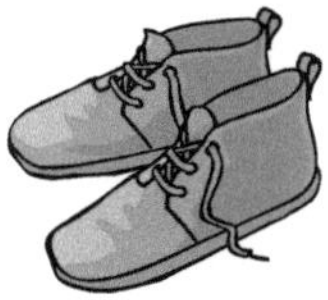

جوتا

παπούτσια

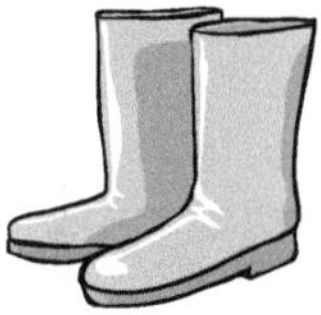

ربڑ جا بوٹ

γαλότσες

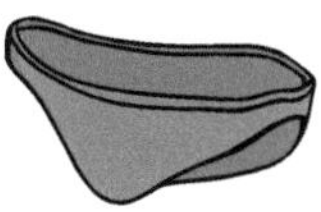

انڈرپینٹس

εσώρουχο

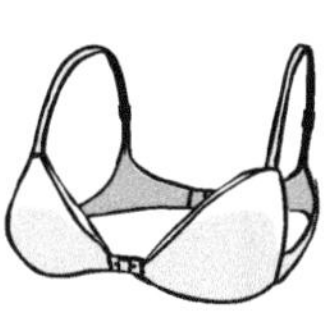

بریزر

σουτιέν

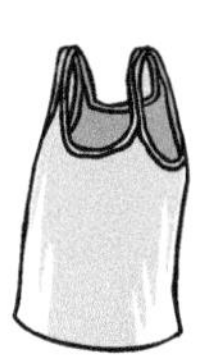

واسکٹ

φανέλα

جسم

σώμα

پتلون

παντελόνι

جینز پینٹ

τζιν παντελόνι

اسکرٹ

φούστα

چولو

μπλούζα

قمیض

πουκάμισο

جرسی

πουλόβερ

ہوڈی

πουλόβερ

بلیزر

σακάκι

جیکٹ

μπουφάν

کوٹ

παλτό

بارش م پانٹ وارو کوٹ

αδιάβροχο πανωφόρι

پوشاک

κοστούμι

لباس

φόρεμα

شادي جولباس

νυφικό

سوٽ

κοστούμι

نائٽ گاؤن

νυχτικό

پاجامو

πιτζάμες

ساڙي

σάρι

مٿي تي بٽڻ وارو اسڪارف

μαντήλι

پَگَڙي

τουρμπάνι

برقعو

μπούρκα

ڪفتان

καφτάνι

عبايو

μουσουλμανικό ένδυμα

تيراڪي جو لباس

ολόσωμο μαγιό

چڍي

ανδρικό μαγιό

نيڪر

σορτς

ٽريڪ سوٽ

αθλητική φόρμα

اپرن

ποδιά

دستانا

γάντια

بيّن

κουμπί

چشمو

γυαλιά

بريسليت

βραχιόλι

هار

περιδέραιο

مندي

δαχτυλίδι

واليون

σκουλαρίκι

ٹوپي

καπέλο

كوٹ هينگر

κρεμάστρα

ٹوپي

καπέλο

ٹائي

γραβάτα

زپ

φερμουάρ

هيلمٹ

κράνος

بريسز

τιράντες

اسكول يونيفارم

μαθητική στολή

وردي

στολή

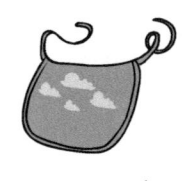

ٻارن لاءِ ڳلي ۾ ٻڌڻ وارو ڪپڙو

σαλιάρα

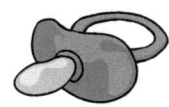

ٻارن جي چوسڻ واري نپل

πιπίλα

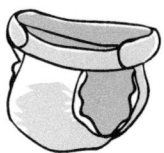

ڪڇو

πάνα

آفس

γραφείο

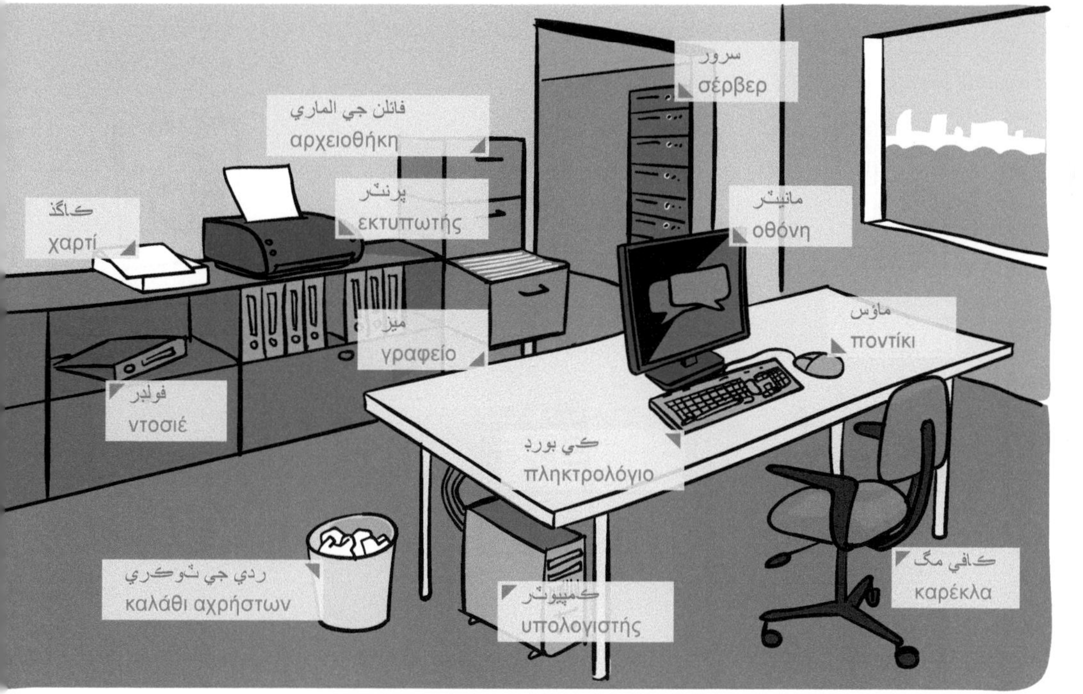

سرور
σέρβερ
فائلن جي الماري
αρχειοθήκη
پرنٽر
εκτυπωτής
ڪاغذ
χαρτί
مانيٽر
οθόνη
ماؤس
ποντίκι
ميز
γραφείο
فولڊر
ντοσιέ
ڪي بورڊ
πληκτρολόγιο
ردي جي ٽوڪري
καλάθι αχρήστων
ڪمپيوٽر
υπολογιστής
ڪافي مگ
καρέκλα

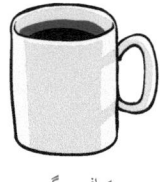

ڪافي مگ

κούπα του καφέ

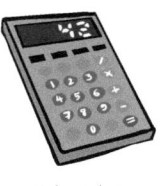

ڪيلڪيوليٽر

κομπιουτεράκι

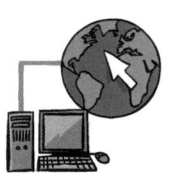

انٽرنيٽ

ίντερνετ

لیپ ٹاپ

λάπτοπ

خط

γράμμα

پیغام

μήνυμα

موبائل

κινητό

نیٹ ورک

δίκτυο

فوٹو کاپی کرن واری مشین

φωτοτυπικό μηχάνημα

سافٹ ویئر

λογισμικό

ٹیلی فون

τηλέφωνο

پلگ ساکٹ

πρίζα

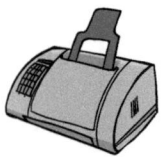

فیکس مشین

συσκευή φαξ

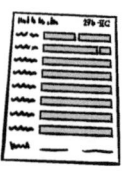

فارم

έντυπο

دستاویز

έγγραφο

خرید کرنا
....

αγοράζω

ادا کرنا
....

πληρώνω

صاف کرنا
....

συναλλάσσομαι

پیسا
....

χρήματα

ڈالر
....

δολάριο

یورو
....

ευρώ

ین
....

γιεν

روبل
....

ρούβλι

سوئس فرانک
....

ελβετικό φράγκο

رینمینبی یوآن
....

ρενμίνμπι γιουάν

روپیو
....

ρουπία

کیش پوائنٹ
....

ATM (αυτόματη ταμειακή μηχανή)

رقم تبدیل کرنٹ جی آفیس

ανταλλακτήρια
συναλλάγματος

سون

χρυσός

چاندي

ασήμι

خام تیل

πετρέλαιο

توانائي

ενέργεια

قیمت

τιμή

معاهدو

συμβόλαιο

ٹیکس

φόρος

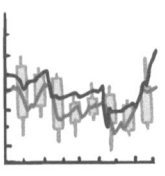

ذخیرو

μετοχή

کم کرڻ

δουλεύω

ملازم

υπάλληλος

آجر

εργοδότης

فیکٹري

εργοστάσιο

دکان

κατάστημα

پیشو
επαγγέλματα

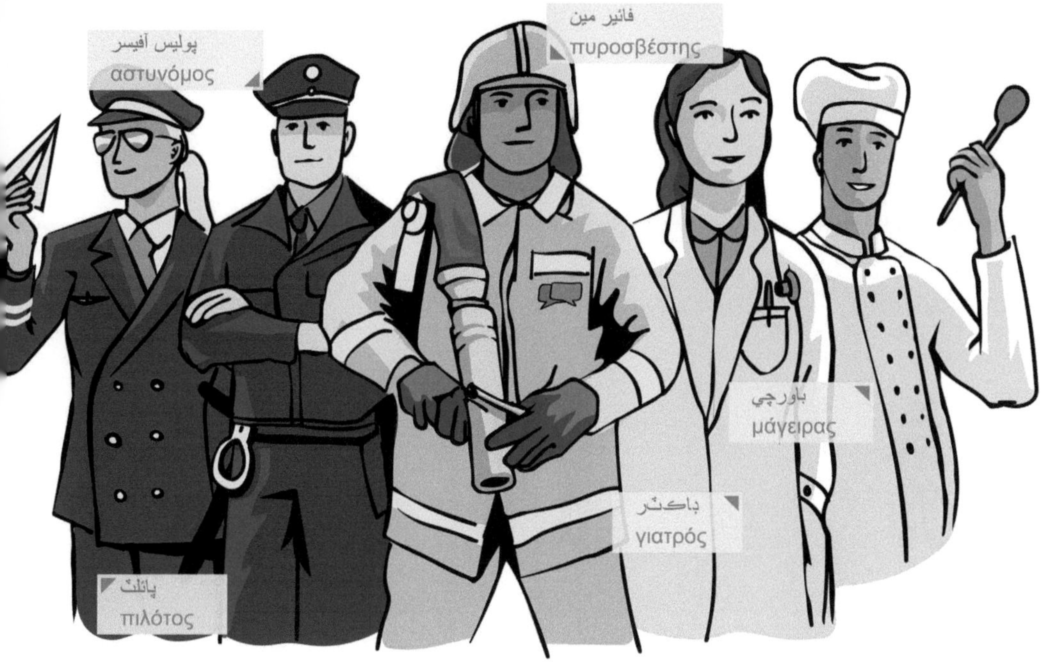
پولیس آفیسر
αστυνόμος
فائر مین
πυροσβέστης
باورچي
μάγειρας
ڈاکٹر
γιατρός
پائلٹ
πιλότος

مالي

κηπουρός

وايو

ξυλουργός

درزن

μοδίστρα

جج

δικαστής

کیمسٹ

χημικός

اداکار

ηθοποιός

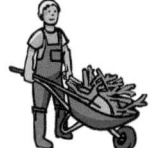

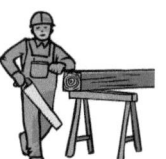

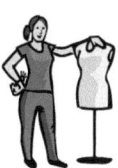

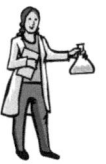

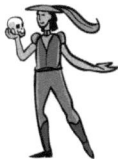

بس ڊرائيور

οδηγός λεωφορείου

ٽيڪسي ڊرائيور

ταξιτζής

مڇي مارڻ وارو

ψαράς

صفائي ڪرڻ واري ماني

καθαρίστρια

ڇهت ٺاهڻ وارو

τεχνίτης στεγών

ويٽر

σερβιτόρος

شڪاري

κυνηγός

رنگ ساز

ζωγράφος

نانوائي

αρτοποιός

اليڪٽريشن

ηλεκτρολόγος

بلڊر

οικοδόμος

انجنيئر

μηχανολόγος

ڪاسائي

κρεοπώλης

پلمبر

υδραυλικός

پوسٽ مين

ταχυδρόμος

سپاهي

στρατιώτης

آرکیټیکټ

αρχιτέκτονας

خزانچي

ταμίας

گل کپائڼ وارو

ανθοπώλης

نائي

κομμωτής

کنډیکټر

ελεγκτής εισιτηρίων

مکینک

μηχανικός

کپتان

καπετάνιος

ډینټسټ

οδοντίατρος

سائنسدان

επιστήμονας

یهودي عالم

ραβίνος

امام

ιμάμης

راهب

μοναχός

پادري

ιερέας

اوزار

εργαλεία

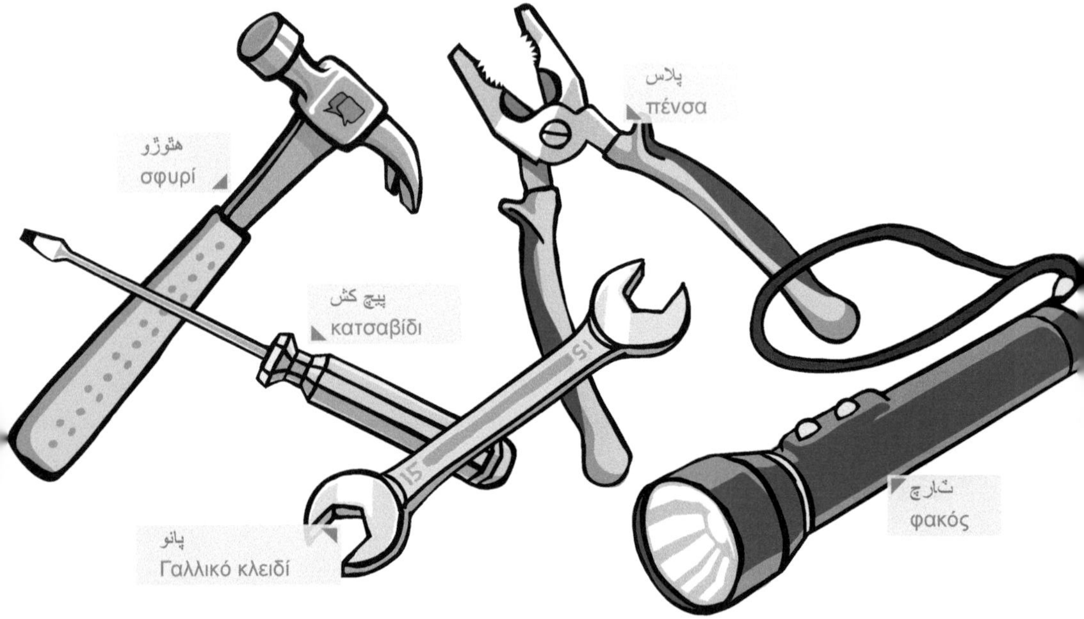

هتوڑو
σφυρί
پلاس
πένσα
پیچ کش
κατσαβίδι
پانو
Γαλλικό κλειδί
ټارچ
φακός

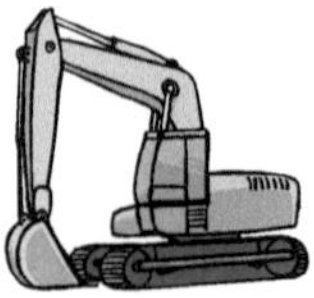

ایکسکویټر

εκσκαφέας

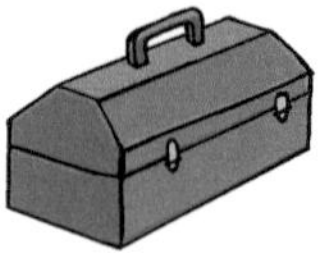

ټول باکس

εργαλειοθήκη

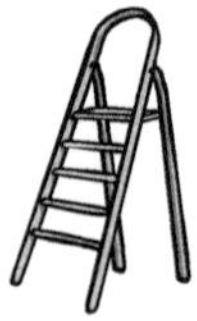

ډاکڼ

σκάλα

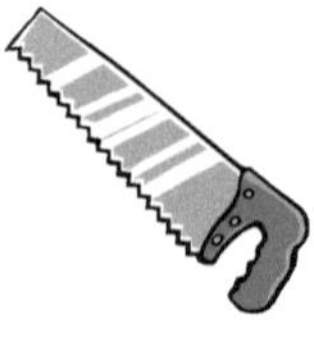

آري

πριόνι

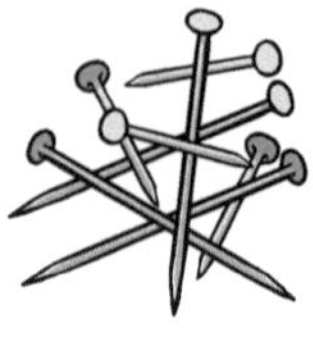

کوکو

καρφιά

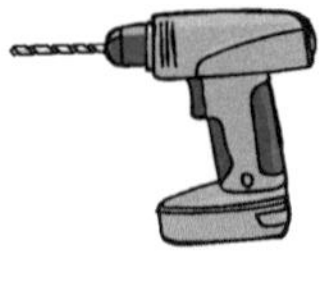

برل

τρυπάνι

مرمت كرڻ

επισκευάζω

بيلچو

φτυάρι

لعنت هجي!

Να πάρει!

كچري دان

φαράσι

پينٽ وارو ڊٻو

δοχείο χρωμάτων

پيچ

βίδες

موسيقي جا اوزار

μουσικά όργανα

لاؤڊ اسپيڪر
μεγάφωνο

ڊبل باس
ντραμς

گٽار
κιθάρα

ڊبل باس
κοντραμπάσο

توتاري
τρομπέτα

پیانو

πιάνο

وائلن

βιολί

گتّار

μπάσο

ٹمپیانی

τύμπανα

ڈرم

τύμπανο

کي بورڈ

πλήκτρα

سيكسوفون

σαξόφωνο

بانسري

φλάουτο

مائيكروفون

μικρόφωνο

چڙيا گھر

ζωολογικός κήπος

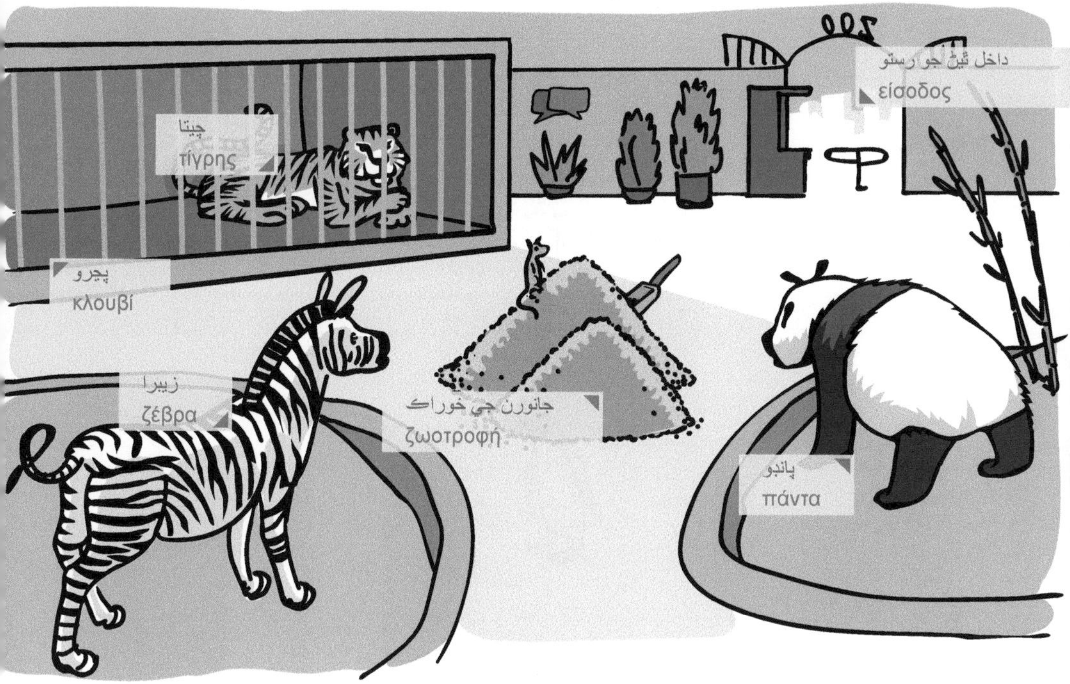

چيتا
τίγρης
داخل ٿيڻ جو رستو
είσοδος
پڃرو
κλουβί
زيبرا
ζέβρα
جانورن جي خوراڪ
ζωοτροφή
پانڊو
πάντα

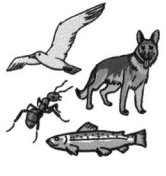

جانور

ζώα

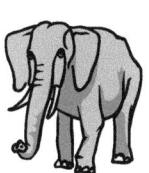

هاٿي

ελέφαντας

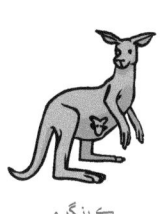

ڪينگرو

καγκουρό

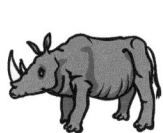

گينڊو

ρινόκερος

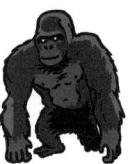

گوريلو

γορίλας

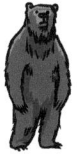

رڇ

αρκούδα

اٺ

καμήλα

شترَ مرغ

στρουθοκάμηλος

شينهن

λιοντάρι

پولڙو

πίθηκος

فليمنگو

φλαμίνγκο

طوطو

παπαγάλος

برفاني رڇ

πολική αρκούδα

ڪبوتر

πιγκουίνος

شارڪ

καρχαρίας

مور

παγώνι

نانگ

φίδι

واڳون

κροκόδειλος

چڙيا گهر جو محافظ

φύλακας ζωολογικού κήπου

گوج مڇي

φώκια

چيتو

τζάγκουαρ

نَنَّون

πόνυ

چيتو

λεοπάρδαλη

درياني گھوړو

ιπποπόταμος

چزراف

καμηλοπάρδαλη

باز

αετός

سونړ

αγριογούρουνο

مچي

ψάρι

کمي

χελώνα

سامونډي گھوړو

θαλάσσιος ίππος

لومړي

αλεπού

هرڼ

γαζέλα

آمریکن فوتبال
Αμερικάνικο ποδόσφαιρο

سایکلنگ
ποδηλασία

تنیس
αντισφαίριση

باسکت بال
μπάσκετ

تیراکی
κολύμβηση

باکسنگ
πυγχαμία

آئس هاکی
χόκεϋ επί πάγου

فوتبال
....
ποδόσφαιρο

بیندمنتن
....
μπάντμιντον

ایتهلیتیکس
....
στίβος

هیند بال
....
χάντμπολ

اسکینگ
....
σκι

پولو
....
πόλο

δραστηριότητες

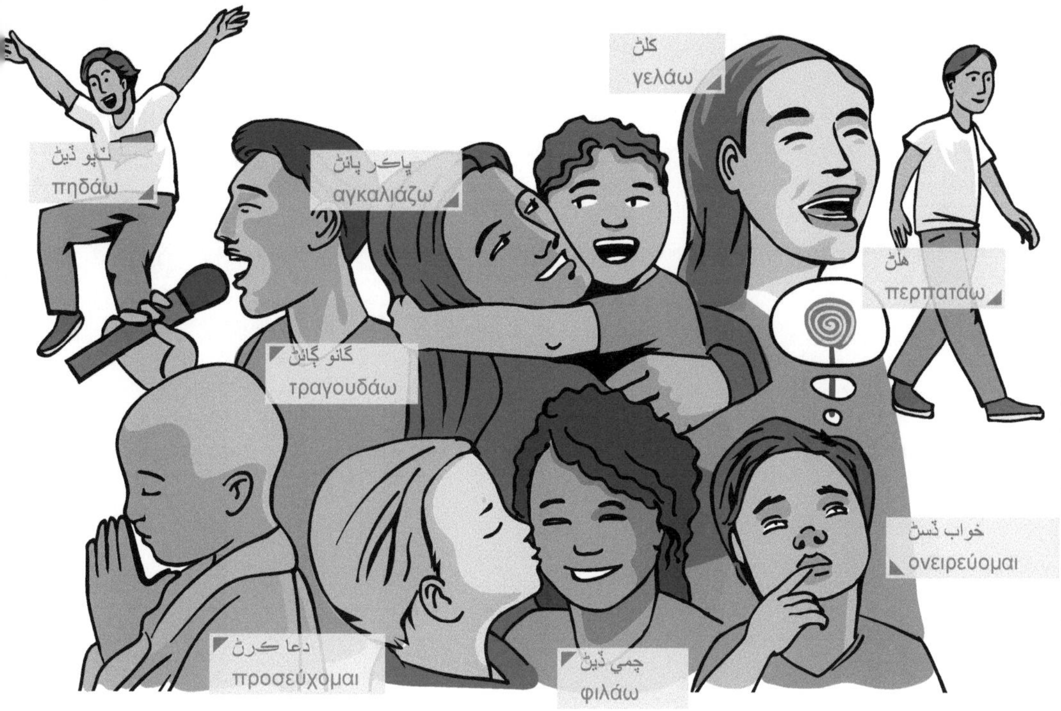
ڪلڻ
γελάω
ٽپو ڏيڻ
πηδάω
ڀاڪر پائڻ
αγκαλιάζω
هلڻ
περπατάω
گانو ڳائڻ
τραγουδάω
خواب ڏسڻ
ονειρεύομαι
دعا ڪرڻ
προσεύχομαι
چمي ڏيڻ
φιλάω

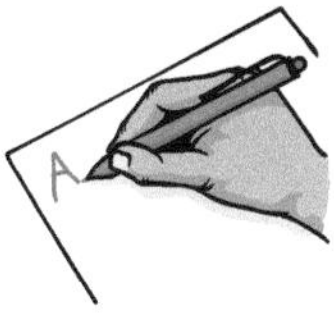

لکڻ

γράφω

تصوير ڪشي ڪرڻ

σχεδιάζω

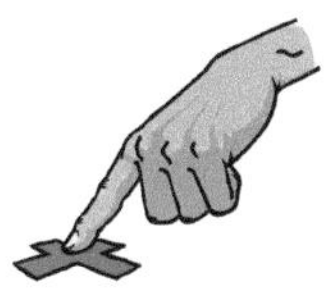

ڏيکارڻ

δείχνω

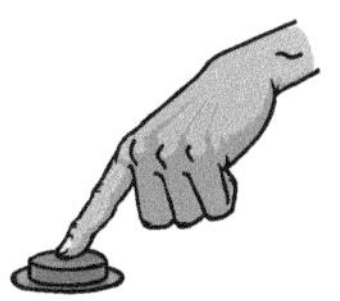

ڌڪو ڏيڻ

πιέζω

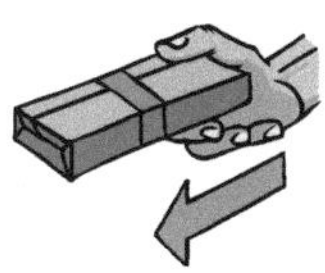

ڏيڻ

δίνω

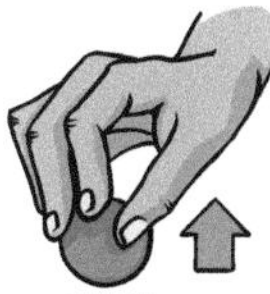

وٺڻ

παίρνω

رکڻ

έχω

ڪرڻ

κάνω

ٿيڻ

είμαι

بيھڻ

στέκομαι

ڀڄڻ

τρέχω

ڇڪڻ

τραβάω

اڇلائڻ

ρίχνω

ڪرڻ

πέφτω

ڪوڙ ڳالھائڻ

ξαπλώνω

انتظار ڪرڻ

περιμένω

کڻي وڃن

κουβαλώ

ويھڻ

κάθομαι

تيار ٿيڻ

φοράω

سمھڻ

κοιμάμαι

جاڳڻ

ξυπνάω

ڈٺسڻ

κοιτάω

روئڻ

κλαίω

ڈک ھٺ

χαϊδεύω

ڪنگي ڪرڻ

χτενίζω

ڳالھائڻ

μιλάω

سمجھڻ

καταλαβαίνω

پڇڻ

ρωτάω

ٻڌڻ

ακούω

پيئڻ

πίνω

کائڻ

τρώω

صاف ڪرڻ

συγυρίζω

پيار ڪرڻ

αγαπάω

پچائڻ

μαγειρεύω

گاڏي ھلائڻ

οδηγώ

اڏڻ

πετάω

بحری سفر کرنا

κάνω ιστιοπλοΐα

حساب کرنا

υπολογίζω

پڑھنا

διαβάζω

سکھنا

μαθαίνω

کم کرنا

δουλεύω

شادی کرنا

παντρεύομαι

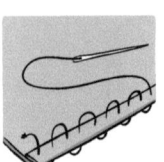

سینا

ράβω

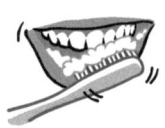

ڈندن کی برش کرنا

βουρτσίζω τα δόντια

قتل کرنا

σκοτώνω

سگریٹ پینا

καπνίζω

موکلنا

στέλνω

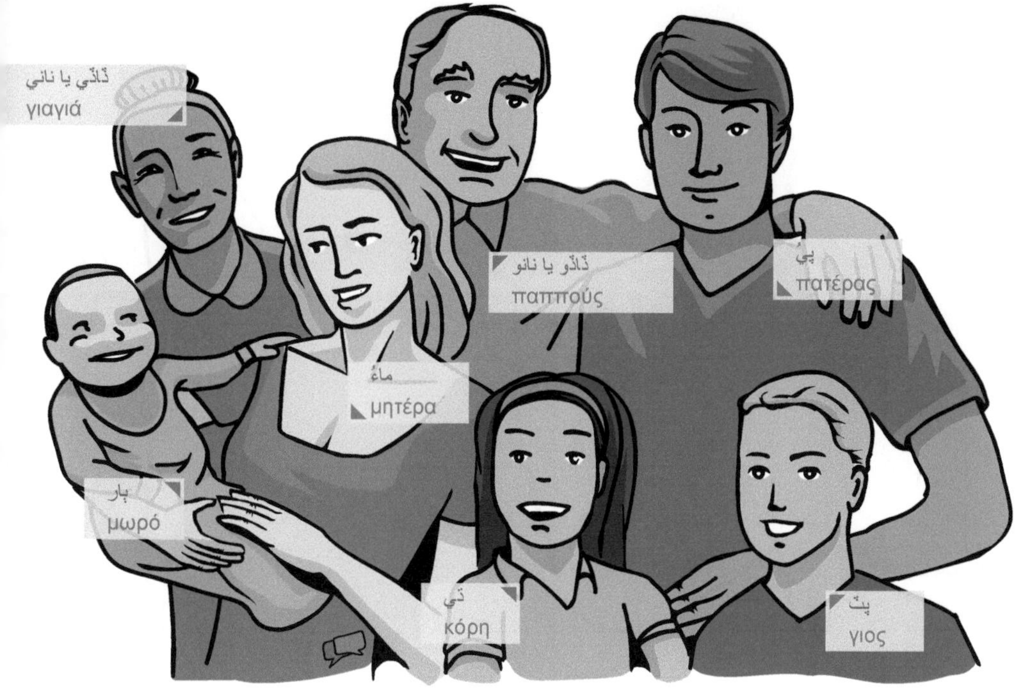

ڏاڏي يا ناني
γιαγιά
ڏاڏو يا نانو
παππούς
پيُ
πατέρας
ماءُ
μητέρα
ٻار
μωρό
ڌي
κόρη
پٽ
γιος

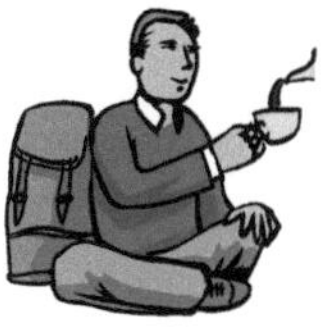

مهمان
....
καλεσμένος

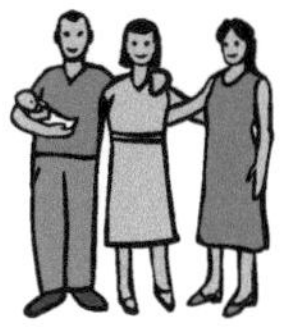

چاچي
....
θεία

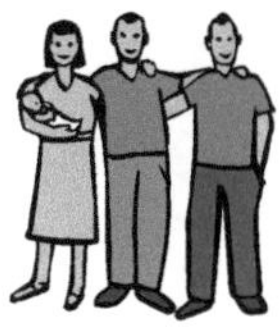

چاچو
....
θείος

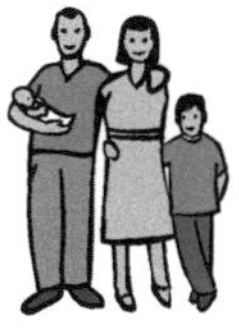

ڀاءُ
....
αδελφός

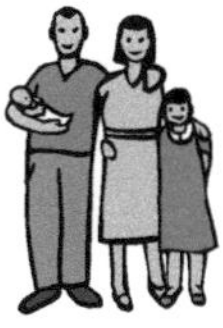

ڀيڻ
....
αδελφή

جسم

σώμα

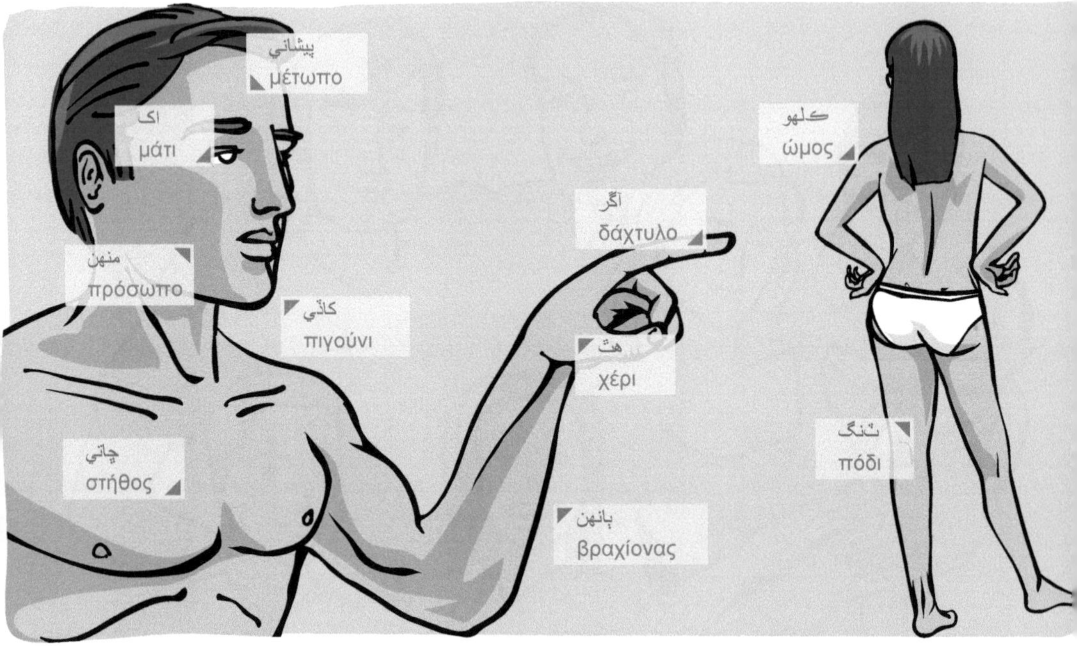

پيشاني
μέτωπο
اک
μάτι
منهن
πρόσωπο
ڪاڏي
πιγούνι
آگر
δάχτυλο
هٿ
χέρι
چاتي
στήθος
ٻانهن
βραχίονας
ڪلهو
ώμος
ٽنگ
πόδι

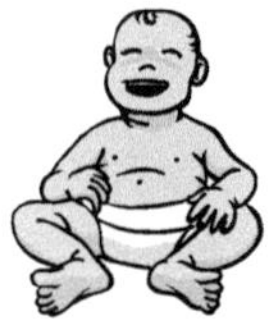

ٻار

μωρό

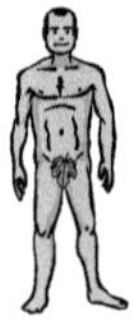

ماٹهون

άνδρας

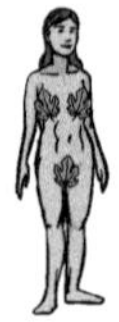

عورت

γυναίκα

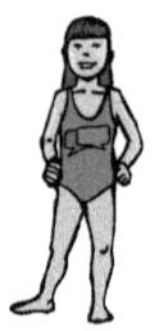

ڇوڪري

κορίτσι

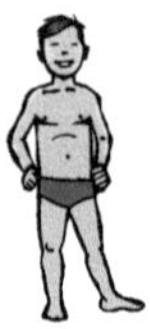

ڇوڪرو

αγόρι

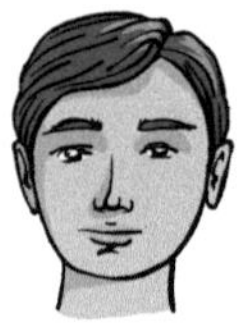

مٿو

κεφάλι

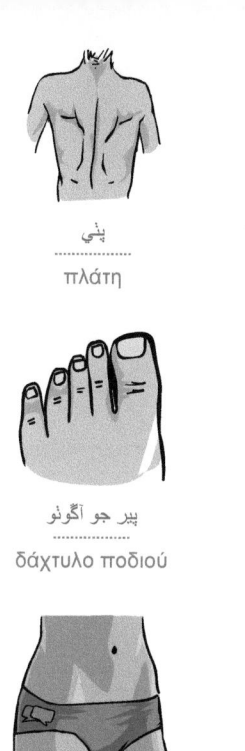

پُنِّي

πλάτη

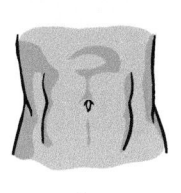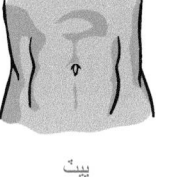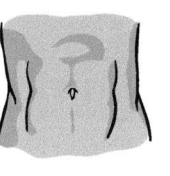

پيټ

κοιλιά

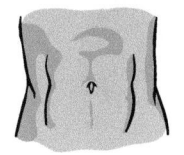

دن

αφαλός

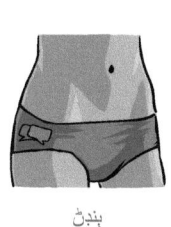

پير جو آڱُنو

δάχτυλο ποδιού

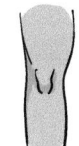

کڙي

φτέρνα

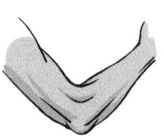

هَنِّي

κόκκαλο

پُندڙ

γοφός

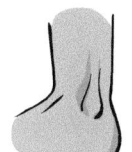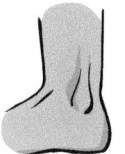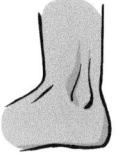

گوڏو

γόνατο

ٿونٺ

αγκώνας

زک

μύτη

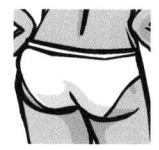

هينِهيون حصو

γλουτός

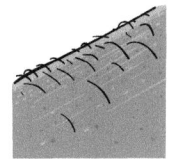

کل

δέρμα

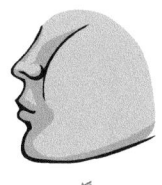

ڳل

μάγουλο

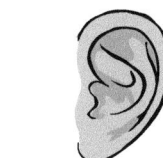

ڪن

αυτί

چپ

χείλος

وات

στόμα

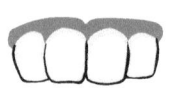

ڈنت

δόντι

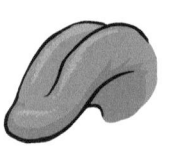

زبان

γλώσσα

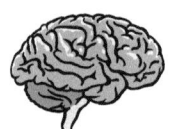

دماغ

εγκέφαλος

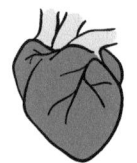

دل

καρδιά

ڈورو

μυς

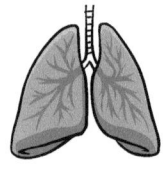

ڤڑ

πνεύμονας

جگر

συκώτι

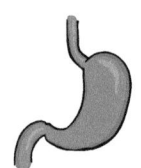

معدو

στομάχι

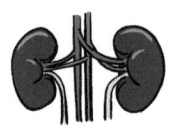

گردا

νεφρά

جماع کرڈ

σεξουαλική επαφή

کندوم

προφυλακτικό

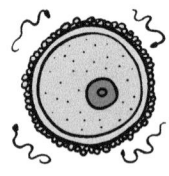

بیضہ

ωάριο

منی

σπέρμα

حمل

εγκυμοσύνη

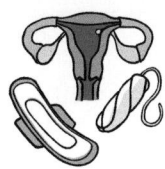

حيض

περίοδος

پچیداني جي نالي

γυναικείος κόλπος

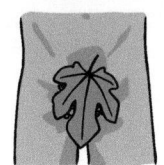

مردانو مخصوص عضوو

πέος

پرون

φρύδι

وار

μαλλιά

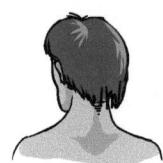

ڳچي

λαιμός

اسپتال

νοσοκομείο

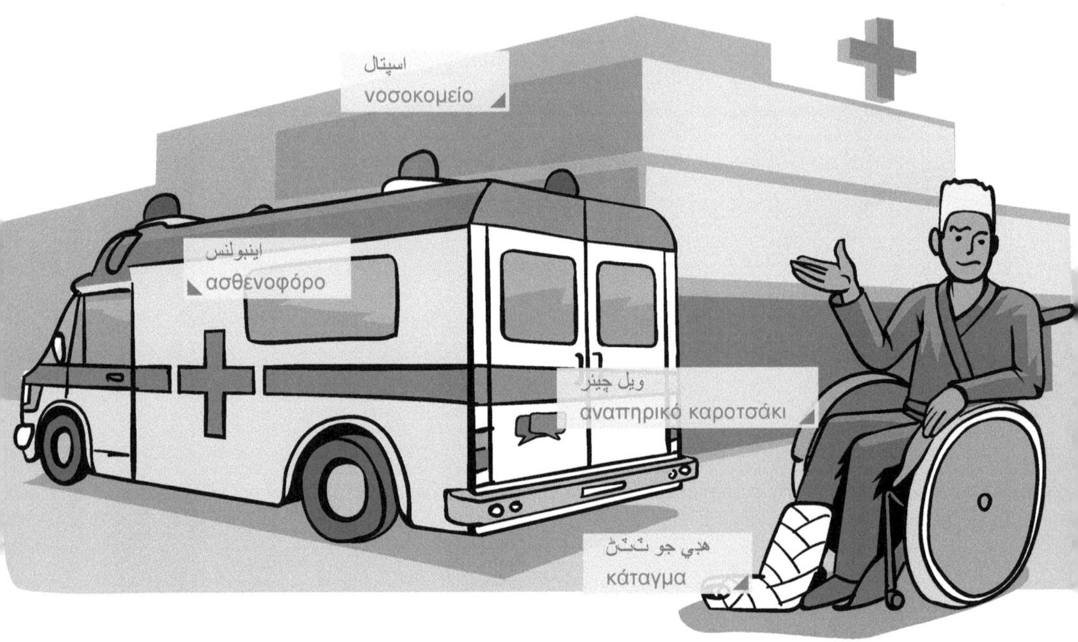

اسپتال
νοσοκομείο
اينبولنس
ασθενοφόρο
ويل چيئر
αναπηρικό καροτσάκι
هڏي جو ٽٽڻ
κάταγμα

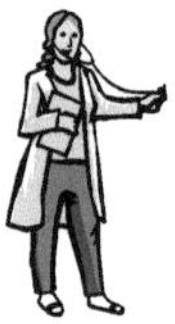

ڊاڪٽر

γιατρός

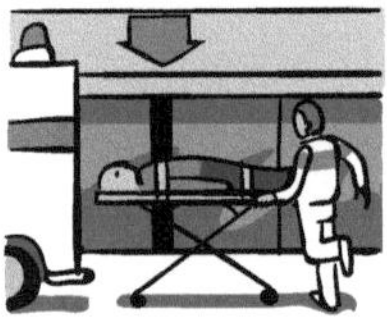

هنگامي ڪمرو

μονάδα εντατικής θεραπείας

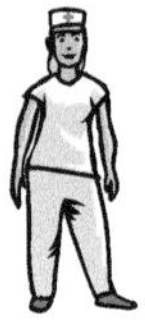

نرس

νοσοκόμα

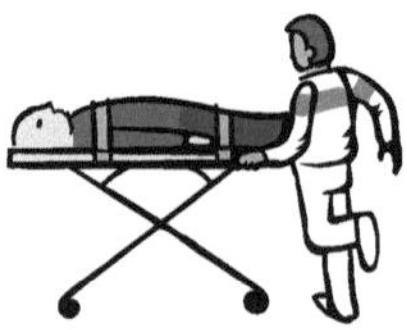

ايڪسري

έκτακτη ανάγκη

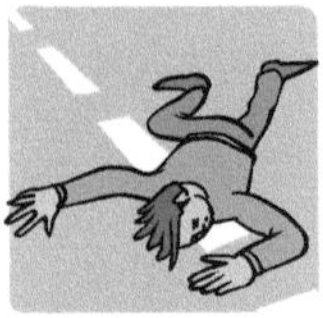

بيهوش

λιπόθυμος

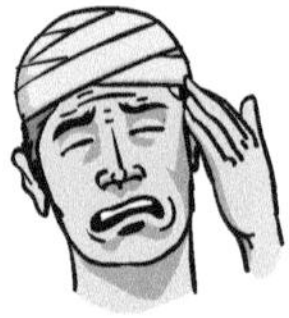

سور

πόνος

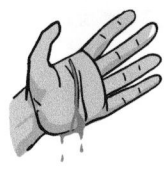

زخم

τραύμα

رت وهڻ

αιμορραγία

دل جو دورو

έμφραγμα

فالج

εγκεφαλικό

الرجي

αλλεργία

کنگهه

βήχας

بخار

πυρετός

زکام

γρίπη

دست

διάρροια

مٿي جو سور

πονοκέφαλος

کينسر

καρκίνος

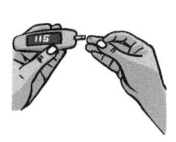

ذياييطس

διαβήτης

سرجن

χειρουργός

جراحي بليڊ

νυστέρι

آپريشن

εγχείρηση

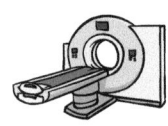

سي ٿي

αξονική τομογραφία

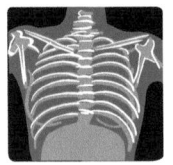

ايڪسري

ακτινογραφία

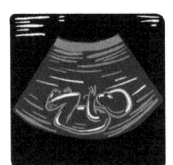

الٽراساؤنڊ

υπέρηχος

منهن جي ماسڪ

μάσκα

بيماري

ασθένεια

انتظار ڪرڻ جو ڪمرو

αίθουσα αναμονής

بيساکهي

πατερίτσα

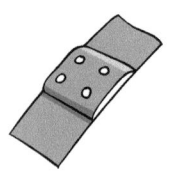

پالاسٽر

χάνσαπλαστ

پٽي

επίδεσμος

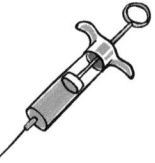

انجيڪشن

ένεση

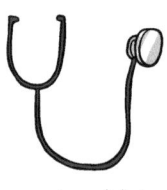

اسٽيٿهوسڪوپ

στηθοσκόπιο

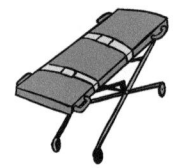

اسٽريچر

φορείο

ٿرماميٽر

θερμόμετρο

پيدائش

γέννηση

موٽاپو

υπέρβαρο

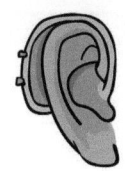

ہڈٹل واري ڈیوائس

ακουστικό βαρηκοΐας

جراثیم کش

αντισηπτικό

انفیکشن

λοίμωξη

وائرس

ιός

ایچ آئی وي / ایڈز

HIV/AIDS

دوا

φάρμακο

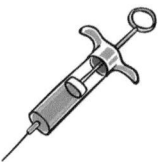

ویکسینیشن

εμβολιασμός

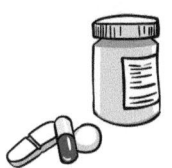

ٹکی

δισκία

گولی

χάπι

ہنگامي کال

κλήση έκτακτης ανάγκης

بلڈ پریشر مانیٹر

πιεσόμετρο αίματος

بیمار / صحت

άρρωστος / υγιής

مدد

Βοήθεια!

الارم

συναγερμός

جسماني حملو ڪرڻ

βιαιοπραγία

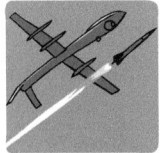

حملو ڪرڻ

επίθεση

خطره

κίνδυνος

هنگامي حالت ۾ نڪرن جو رستو

έξοδος κινδύνου

باه

Φωτιά!

باه وسائڻ جو اوزار

πυροσβεστήρας

حادثو

ατύχημα

ابتدائي طبي امداد

κουτί πρώτων βοηθειών

ايس او ايس

SOS

پوليس

αστυνομία

يورپ

Ευρώπη

اتر آمریکا

Βόρεια Αμερική

ڈکڼ آمریکا

Νότια Αμερική

آفریقا

Αφρική

ایشیا

Ασία

آسڑریلیا

Αυστραλία

اٹلانٹڪ

Ατλαντικός Ωκεανός

پیسفڪ

Ειρηνικός Ωκεανός

بحر هند

Ινδικός Ωκεανός

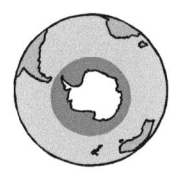

انٹارکٹڪ سمنڊ

Ανταρκτικός Ωκεανός

آرکٹڪ سمنڊ

Αρκτικός Ωκεανός

اتر قطب

Βόρειος Πόλος

ڈکٹ قطب

Νότιος Πόλος

انٹارکٹیکا

Ανταρκτική

زمین

Γη

زمین

γη

سمندر

θάλασσα

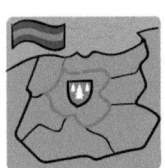

جزیرو

νησί

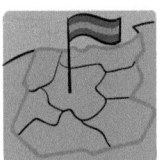

قوم

έθνος

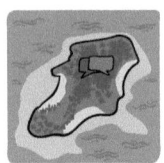

ریاست

πολιτεία

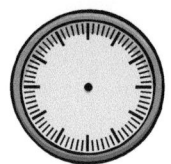

گھڙي جو سامھون حصو

καντράν ρολογιού

كلاك واري سوئي

ωροδείκτης

منٽ واري سوئي

λεπτοδείκτης

سيڪنڊن واري سوئي

δείκτης δευτερολέπτων

تـائم گهٽو ٿيو آهي؟

Τι ώρα είναι;

ڏينهن

ημέρα

وقت

χρόνος

هاڻي

τώρα

ڊجيٽل گھڙي

ψηφιακό ρολόι

منٽ

λεπτό

كلاك

ώρα

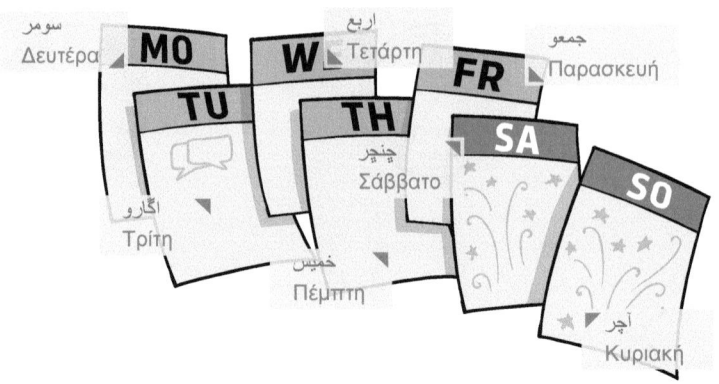

سومر
Δευτέρα

اربع
Τετάρτη

جمعو
Παρασκευή

اگارو
Τρίτη

چنچر
Σάββατο

خميس
Πέμπτη

آچر
Κυριακή

كله
χθες

اج
σήμερα

سيائي
αύριο

صبح
πρωί

منجهند
μεσημέρι

شام
βράδυ

MO	TU	WE	TH	FR	SA	SU
1	2	3	4	5	6	7
8	9	10	11	12	13	14
15	16	17	18	19	20	21
22	23	24	25	26	27	28
29	30	31	1	2	3	4

كاروباري ڈينهن
εργάσιμες ημέρες

MO	TU	WE	TH	FR	SA	SU
1	2	3	4	5	6	7
8	9	10	11	12	13	14
15	16	17	18	19	20	21
22	23	24	25	26	27	28
29	30	31	1	2	3	4

هفتي جو آخر
Σαββατοκύριακο

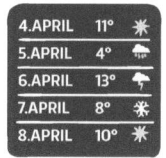

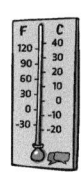

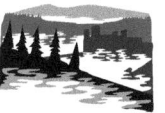

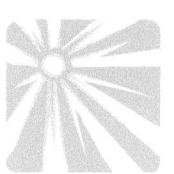

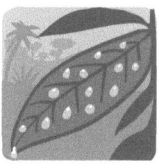

سال

έτος

برسات
βροχή
اندلٺ
ουράνιο τόξο
هوا
άνεμος
برف
χιόνι
بهار
άνοιξη
خزان
φθινόπωρο
گرمي جي موسم
καλοκαίρι
سردي جي موسم
χειμώνας

4.APRIL 11°
5.APRIL 4°
6.APRIL 13°
7.APRIL 8°
8.APRIL 10°

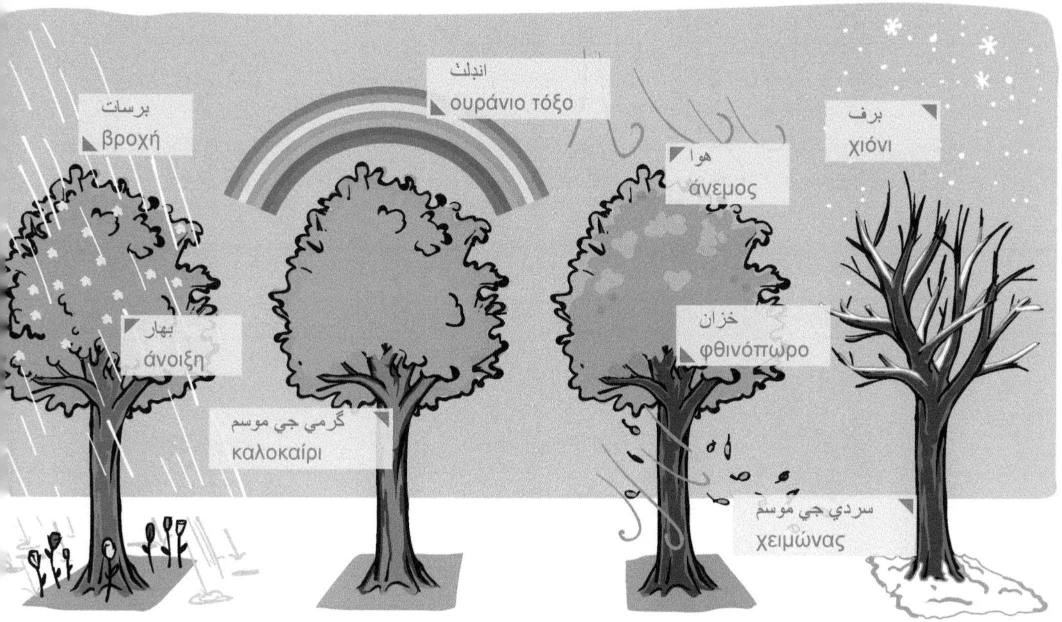

موسم جي پيشنگوهي

πρόγνωση καιρού

F C
120 40
90 30
60 20
30 10
0 0
-30 -10
-20

ٿرماميٽر

θερμόμετρο

اُس

λιακάδα

بادل

σύννεφο

ڌنڌ

ομίχλη

نمي

υγρασία

آسماني بجلي

αστραπή

ٹرماميٹر

κεραυνός

طوفان

καταιγίδα

ڳڙڙ جو مينهن

χαλάζι

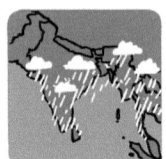

مون سون

μουσώνας

ٻوڏ

πλημμύρα

برف

πάγος

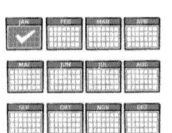

جنوري

Ιανουάριος

فيبروري

Φεβρουάριος

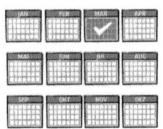

مارچ

Μάρτιος

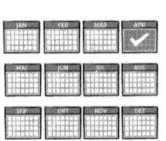

اپريل

Απρίλιος

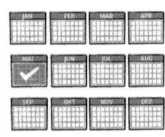

مئي

Μάιος

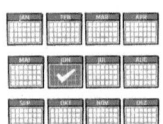

جون

Ιούνιος

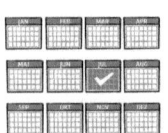

جولائي

Ιούλιος

آگسٽ

Αύγουστος

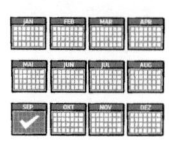

سپتَمبر
....
Σεπτέμβριος

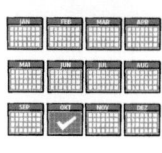

أكتُوبر
....
Οκτώβριος

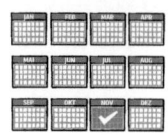

نوبمر
....
Νοέμβριος

بسمبر
....
Δεκέμβριος

دائرو
....
κύκλος

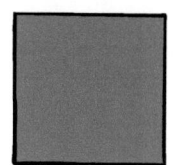

چکور
....
τετράγωνο

مستطيل
....
ορθογώνιο
παραλληλόγραμμο

تُکنڈي
....
τρίγωνο

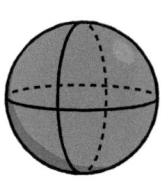

کره
....
σφαίρα

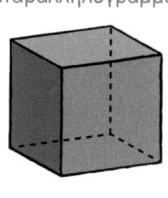

کعب
....
κύβος

χρώματα

اڃو
....
άσπρο

پيلو
....
κίτρινο

نارنجي
....
πορτοκαλί

گلابي
....
ροζ

ڳاڙهو
....
κόκκινο

جامني
....
μωβ

نيرو
....
μπλε

سائو
....
πράσινο

ناسي
....
καφέ

پورو
....
γκρι

ڪارو
....
μαύρο

گهڻو / ٿورو

πολύ / λίγο

ناراض / پر سڪون

θυμωμένος / ήρεμος

خوبصورت / بدصورت

όμορφος / άσχημος

شروعات / ختم

αρχή / τέλος

وڏو / ننڍو

μεγάλος / μικρός

روشني / اونده

φωτεινός / σκοτεινός

ڀاءُ / ڀيڻ

αδελφός / αδελφή

صاف / خراب

καθαρός / λερωμένος

مڪمل / نا مڪمل

πλήρης / ατελής

ڏينهن / رات

ημέρα / νύχτα

مرده / زنده

νεκρός / ζωντανός

بگهر / تنگ

φαρδύς / στενός

كاٽڻ قابل نه هجڻ / كاٽڻ جي قابل هجن

βρώσιμος / μη βρώσιμος

برو / سٺو

κακός / ευγενικός

پرجوش / بوريت جوشڪار

ενθουσιασμένος /
βαριεστημένος

موٽو / پتلو

παχύς / λεπτός

پهريون / آخري

πρώτος / τελευταίος

دوست / دشمن

φίλος / εχθρός

ڀريل / خالي

γεμάτος / άδειος

سخت / نرم

σκληρός / μαλακός

ڳورو / هلڪو

βαρύς / ελαφρύς

بک / اڃ

πείνα / δίψα

بيمار / صحت

άρρωστος / υγιής

غيرقانون / قانوني

παράνομος / νόμιμος

عقلمند / بيوقوف

έξυπνος / χαζός

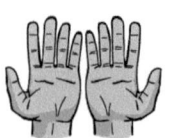

سڏو / ابتو

αριστερός / δεξιός

ويجهي / پري

κοντινός / μακρινός

مخالف - αντίθετα

ننون / استعمال ٹیل

καινούριος /
μεταχειρισμένος

کجه به نه / کجه

τίποτα / κάτι

پوڑھو / نوجوان

γέρος | νέος

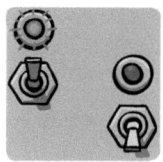

آن / آف

αναμμένος / σβηστός

کلیل / بند

ανοιχτός / κλειστός

خاموش / بلند آواز سان

χαμηλόφωνος /
μεγαλόφωνος

امیر / غریب

πλούσιος / φτωχός

صحیح / غلط

σωστός / λανθασμένος

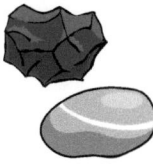

کھورو / لسو

τραχύς / λείος

غمگین / خوش

λυπημένος / χαρούμενος

مختصر / ڈگھو

κοντός / μακρύς

آهسته / تیز

αργός / γρήγορος

آلو / سدکل

υγρός / στεγνός

گرم / ٹنڈو

ζεστός / δροσερός

جنگ / امن

πόλεμος / ειρήνη

0

زيرو

μηδέν

1

هڪ

ένα

2

به

δύο

3

ٽي

τρία

4

چار

τέσσερα

5

پنج

πέντε

6

ڇه

έξι

7

ست

εφτά

8

اٺ

οκτώ

9

نوَ

εννιά

10

ڏه

δέκα

11

يارهن

έντεκα

12

بارهن

δώδεκα

13

تیرهن

δεκατρία

14

چوڈهن

δεκατέσσερα

15

پندرهن

δεκαπέντε

16

سورهن

δεκαέξι

17

سترهن

δεκαεφτά

18

ارڈهن

δεκαοκτώ

19

اوټويه

δεκαεννέα

20

ويه

είκοσι

100

سو

εκατό

1.000

هزار

χίλια

1.000.000

ڈه لک

εκατομμύριο

انگریزي

Αγγλικά

آمریکي انگریزي

Αμερικάνικα Αγγλικά

چیني میندارن

Μανδαρίνικα Κινέζικα

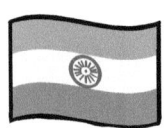

هندي

Χίντι

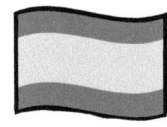

اندلسي پولي

Ισπανικά

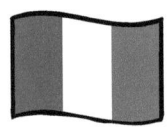

فرانسیسي

Γαλλικά

عربي

Αραβικά

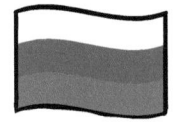

روسي

Ρώσικα

پرتگالي

Πορτογαλικά

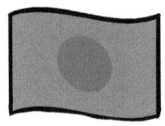

بنگالي

Μπενγκάλι

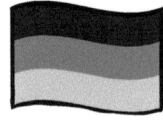

جرمن

Γερμανικά

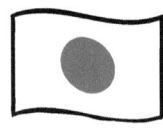

جاپاني

Ιαπωνικά

مان

εγώ

تون

εσύ

هي چوكري/ هي چوكرو / هو

αυτός / αυτή / αυτό

اسان

εμείς

تون

εσείς

هو

αυτοί / αυτές / αυτά

كير؟

ποιος / ποια / ποιο;

چا؟

τι;

كينن

πώς;

كٿي؟

πού;

كڏنهن؟

πότε;

نالو

όνομα

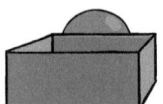

پويان

πίσω

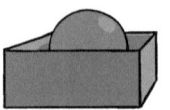

جي سامهون

μέσα

جي سامهون

μπροστά

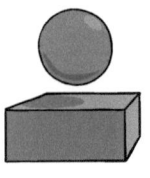

مٿي

πάνω από

تي

πάνω

هيٺ

κάτω

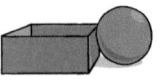

ڀرسان

δίπλα

وچ ۾

ανάμεσα

جڳهہ

μέρος